小学

文明礼仪教育系列
微班会

黄雪萍 ◎主编

中国出版集团　现代出版社

图书在版编目(CIP)数据

小学文明礼仪教育系列微班会 / 黄雪萍主编. — 北京：现代出版社，2020.8

ISBN 978-7-5143-8818-3

Ⅰ.①小… Ⅱ.①黄… Ⅲ.①礼仪—小学—教学参考资料 Ⅳ.①G625.5

中国版本图书馆CIP数据核字（2020）第159702号

小学文明礼仪教育系列微班会

作　　者	黄雪萍	
责任编辑	张桂玲	
出版发行	现代出版社	
地　　址	北京市安定门外安华里504号	
邮政编码	100011	
电　　话	010-64267325　64245264	
网　　址	www.1980xd.com	
电子邮箱	xiandai@cnpitc.com.cn	
印　　制	北京政采印刷服务有限公司	
开　　本	710mm×1000mm　1/16	
印　　张	11.5	
字　　数	207千	
版　　次	2022年6月第1版　　2022年6月第1次印刷	
书　　号	ISBN 978-7-5143-8818-3	
定　　价	45.00元	

编委会

序 言
PREFACE

《中小学文明礼仪教育指导纲要》指出，加强中小学文明礼仪教育，对提高中小学生的思想道德修养，构建社会主义和谐社会，提升全民族的文明素质，增强国家的文化软实力具有重要意义。班会课是学校教育中的一门课程，是班主任向学生进行文明礼仪教育的一种有效形式和重要阵地，也是落实立德树人根本任务的有效途径。

随着微时代生活方式的推进，也促进了学校教育方式的改变，带动班会课的创新与突破——微班会课就应运而生了。微班会课以"话题小，聚焦准""形式活，操作易""时间短，质量优""应变快，时效高"的特点，能更准、更活、更优、更快地渗透到思想道德教育的全方位。微班会受到越来越多班主任的追捧，是班主任落实德育工作的有效新途径。

话题小，聚焦准：微班会以小话题微切入点，一课一得，一事一议，班主任根据班集体的动向及学生的思想行为情况，适时适度开展微型班会。大题小切入，以系列教育的形式开展，有系统性和整体性，落实更到位，聚焦更准。

形式活，操作易：微班会可以用"一个视频""一个故事""一张图片""一个小品""一个话题""一个游戏""一则新闻""一首小诗"等形式展开，方法灵活多样，在短小的微班会中学生体验到班会课的快乐，把自己的所感、所悟化为行动。班主任操作简易，有助于课堂的实施。

时间短，质量优：15分钟左右，符合小学生的认知特点，让课堂的有效性最优化。时间短，班主任准备时间相对较短，难度降低，减轻了班主任的负担。时间短，实施起来更灵活，不受时间束缚，班主任可以根据班级的实际需要设计，针对性更强，收效更大。

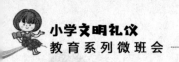
应变快，时效高：微班会的选题一般是根据班级的情况确定的，有时也会根据社会、时事而定。微班会因它的"微"能快速"因时而变"，紧贴学生现实生活，与社会联系，与时俱进，时效性特别高。

在实践研究的过程中，我们坚持贴近实际、贴近生活、贴近学生，坚持知行统一，坚持学校教育与家庭教育、社会教育相结合的原则，通过体验活动、主题升华、课外延伸等环节，让学生掌握基本的礼貌、礼节规范，在学习、生活实践中初步养成讲文明、讲卫生、讲秩序、讲公德的良好习惯。

本书共设计了36节"小学文明礼仪教育"系列微班会课，其中，小学低年段有14节课，小学中年段有14节课，小学高年段有8节课。每一个设计均由活动背景、活动目标、活动对象、活动形式、活动时间、活动准备、活动过程和附八部分组成。其中，活动背景分析了主题设计的缘由，活动目标分别从认知与技能、过程与方法和情感态度与价值观三个维度对班会课所要达到的目标进行描述，活动过程由教学环节、教师活动、学生活动和设计意图组成，附部分是板书设计及活动过程中罗列的一些必要素材。

广州市中小学名班主任工作室主持人　黄雪萍

目 录
CONTENTS

上 篇 低年段教学设计

中 篇 中年段教学设计

下 篇　高年段教学设计

上篇

低年段
教学设计

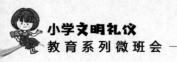
老师，我爱您

广州市番禺区罗家桥虹小学　张海花

【活动背景】

尊师重教是中华民族的传统美德。小学二年级的学生特别信任、尊重老师，但他们的认知水平及道德素养属于起步阶段，不太理解老师的辛苦，更不太懂得如何关爱老师。针对这种情况，让学生了解老师日常的辛苦，感受老师平时对他们的关爱，进而懂得如何爱老师、尊敬老师尤其重要。结合二年级学生的身心特点，通过创设情境、观看视频、情景表演等多元化的活动形式，让学生懂得尊敬老师和关爱老师。

【活动目标】

1. 知识与技能

通过视频、讨论等活动，了解老师的辛苦及老师对孩子们的关爱，懂得理解老师，学会在不同场合下尊重老师的礼仪和用语，并运用于日常生活之中。

2. 过程与方法

通过故事、情景表演等方法，学生学会尊敬老师和关爱老师的礼仪，并现场进行练习，逐步运用到生活中去。

3. 情感态度与价值观

通过活动，学生感受被老师关爱的美好，体会师生互相关爱的美好氛围，激发用实际行动尊重老师、关爱老师的情感。

【活动对象】

小学二年级学生。

【活动形式】

视频、故事、现场练习。

【活动时间】

15分钟。

【活动准备】

视频、制作课件、准备音乐、收集老师关爱学生的资料。

【活动过程】

活动过程流程表

活动环节	教师活动	学生活动	设计意图
视频导入 走进师爱	1．组织观看视频《老师的一天》，感受老师一天的辛劳。 2.引导思考交流：你想对老师说些什么？ 3.小结：老师一天的工作是如此艰辛，我们要理解及尊重老师	1．观看视频《老师的一天》，感受老师对我们的付出。 2．思考并交流：你想对老师说些什么	通过视频导入，让学生直观地感受老师工作的辛劳，感受老师对我们的爱，为引导学生懂得爱老师做好铺垫
讨论分享 理解师爱	1.组织小组讨论：平时从哪些地方感受到老师对你的关爱？ 2.引导小组分享交流讨论成果。 3.小结：通过大家的交流，我们感受到了老师对我们的关爱，那我们也要学会去爱我们的老师	1．分组讨论：从什么地方感受到老师对我们的关爱？ 2．分享谈论结果	通过组织学生讨论问题，观看课件，让学生深切地感受平时老师是如何关爱自己的，从而激发学生感谢老师、尊重老师的情感
情景体验 感受师爱	1.听故事《程门立雪》，感受知名学者杨时对老师的尊敬。 2.组织现场情景体验活动：	1．听故事，感受知名学者杨时对老师的尊敬。	通过故事、情景表演的方式，让学生在不同的场景中体验对待老师的

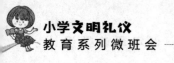
续　表

活动环节	教师活动	学生活动	设计意图
情景体验感受师爱	（1）遇见老师时，立正，敬礼，并向老师问好。 （2）犯错被老师批评时，站直，耐心听着，诚恳地向老师道歉。 （3）得到老师表扬时，面带微笑，真诚地说句谢谢。 3. 小结：我们对老师文明有礼就是尊敬老师。关爱和尊敬老师也是中华民族的优良传统	2. 自由选择情景小组进行情景表演并交流	态度。见到老师时要尊敬老师，被老师批评时要态度端正，被老师表扬时要文明有礼。关爱和尊敬老师也是中华民族的优良传统
拓展延伸升华师爱	1. 播放视频音乐，唱《每当我走过老师的窗前》。 2. 引导学生谈收获。 3. 课后完成爱心卡：可以写一写，也可以画画你想对老师表达的爱	1. 观看视频，唱歌。 2. 谈收获。 3. 课后完成爱心卡	借用歌曲，加深学生对老师辛苦工作的认识，在日常生活中对老师文明有礼。通过爱心卡，促使学生更懂得尊重老师，关爱老师

 附

一、板书设计

老师，我爱您

尊敬老师

态度端正

文明有礼

二、视频

老师的一天

老师不到6点就起床了，上班路上，伴着朝阳和拥挤的交通工具，在7点多钟，他们准时出现在学校里。等完成一系列的规定动作，舒一口气的时候，学生们陆陆续续地来学校了。

早读开始了，老师要组织学生读书、练字。8点半就要上课了，他们伴随粉笔末儿，开始了一天的课程。下课了，铃声响起！好想休息一下！但还是忍不住要去楼道里看看，不要追跑，不要摔倒，碎碎念又10分钟。好不容易一节空堂，却已被如山的作业本遮挡住了。一声炸铃儿，放学了。当学生们高高兴兴地回家时，老师们还不能走，还有最后一班岗：送学生们到校门口，嘱咐：要排好队哦！要看到爸爸妈妈接你才可以走！不要买学校门口地摊的辣条！

夕阳西下，老师们拖着疲惫的身体回家，瘫坐在沙发上，这辛勤的一天，是否已经结束？不！不！——"明天推门课要准备！""后天教研材料写了吗？""我儿子这两天表现怎样？"……

三、老师关爱学生的资料

（1）学生犯错时，不会随意当众批评同学，总会指出错误并耐心教导。

（2）上课回答问题正确时，老师会表扬同学。回答错误时，总会鼓励同学，并耐心讲解。

（3）学生生病时，老师体贴入微。

（4）同学之间发生矛盾时，老师会认真倾听，引导学生分析矛盾产生的原因，并指导他们认识错误，反省自身，教育同学之间要和睦相处。

（5）学生遇到困难时，老师总会给予鼓励，并让同学学会相互帮助。

四、故事

程门立雪

宋朝有一位有学问的人，名叫杨时。杨时在青少年时非常用功。杨时一直以来对老师都是那么谦虚、恭敬。有一天午饭后，杨时为了向老师请教一个问题，约了同学游酢一起去程颐老师家里。守门的人说，程颐正在睡午觉。他们不愿打扰老师的午睡，便一声不响地立在门外等着。天上飘起了鹅毛般的大雪，雪花在头上飘舞，凛冽的寒气冻得他们浑身发抖，他们仍旧站在门外等着。过了好长时间，程颐醒了，这才知道杨时和游酢在门外雪地里已经等了好久，便赶快叫他们进去。这时候，门外的雪已经积得有一尺多厚了。

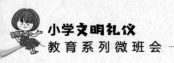

团结友爱一家亲

广州市番禺区市桥富豪山庄小学　史俐萍

【活动背景】

学生进入小学，同伴之间的交往更加频繁，但由于交往技巧的不完善，学生之间的小矛盾、小摩擦层出不穷。针对这种情况，让学生通过形式多样的活动，了解和谐交往的重要性，找到解决矛盾的方法，显得十分必要。通过本次活动，使学生懂得珍惜友谊，学会以宽容谦和的态度与人相处，学会理解他人，培养合作意识和善良真诚的良好品质，营造温馨的班级氛围，提升班级凝聚力。

【活动目标】

1. 知识与技能

通过观看视频、小品和参与讨论，了解认识同学之间和睦相处的重要性。

2. 过程与方法

通过观看同学们在学校生活情景再现的视频、小组互动、小品演绎和记录温馨瞬间，营造团结友爱的氛围，慢慢掌握关心别人、将心比心的人际交往常识。

3. 情感态度与价值观

通过"我知我家""我说我家""我看我家""我爱我家"的环节，一步一步地渗透班级就是一个家庭的概念，让这个家变得温暖、友爱是大家共同的责任与目标，促进同学团结和学生身心发展。

【活动对象】

小学低年段学生。

【活动形式】

游戏活动、短剧表演、讨论讲述谈话、看视频等。

【活动时间】

15分钟。

【活动准备】

教师：

（1）椅子排成圆圈。课室适当布置得轻松欢乐。

（2）课件、活动视频、纸张。

（3）老师编排小视频的内容及拍摄。

（4）组织同学排练表演各节目。

学生：

（1）演绎教师编排的情景剧。

（2）准备笔。

【活动过程】

活动过程流程表

活动环节	教师活动	学生活动	设计意图
热身小游戏	热身小游戏：大风吹 1.介绍游戏规则。 2.游戏中体验亲密互动的快乐	热身游戏	创设学生熟悉的生活情境，通过亲密的互动，激发学生学习的兴趣

活动环节	教师活动	学生活动	设计意图
我知我家	观看老师制作的视频，回顾我们的班徽、班号、班歌、班级成员、大家庭活动。 1. 班级标志。 2. 班级成员。 3. 活动剪影	看图回忆我们的班集体	营造温馨的班级氛围，感受这个集体的美好和凝聚力，为下面的活动铺垫情绪
我说我家	1. 大"家庭"小故事（一） （1）观看视频《分界》。 （2）指导交流观后感。 小结：请你们把心里的那条分界线轻轻擦去，别让它阻挡了你们之间需要珍惜的那份友谊。 2. 大"家庭"小故事（二） （1）观看视频《打架》。 （2）小组讨论。 （3）请代表小组演绎正确的解决方法。 小结：永远别用打骂来解决问题，那只会让问题更糟糕。友好地说清楚，也许你就会得到你想要的。 3. 大"家庭"小故事（三） （1）观看视频《误会》。 （2）通过采访的形式去了解被误会的感受。 小结：一句话的事，一句话能成事，一句话能坏事，就让我们心里阳光些吧！ 4. 创设情境：我也会解决"家庭"小问题。 5. 指导小组讨论。 6. 小结：互帮互助一家人，团结就是力量	1．观看大"家庭"中发生的三个常见小故事，并说出感受。 2．小组合作，在情境中寻找解决问题的小秘诀。 3．分享讨论成果	通过组织学生讨论问题、观看视频、观看小品等由浅入深，激发学生讨论的欲望，培养正确地处理问题的能力
我看我家	1. 看小品《大家庭小趣事——温馨瞬间》。 2. 指导小组讨论，记录自己与同伴相处的美好回忆： 我还记得_____	1．观看小品。 2．小组讨论，并记录下自己的温馨瞬间	通过写温馨瞬间，促进学生体验在这个集体中的快乐

续表

活动环节	教师活动	学生活动	设计意图
我爱我家	1. 活动总结：我们二（3）班就像一个大大的家，里面有太多难忘的回忆，有太多温馨的瞬间，哪怕有点争吵、有些误会，我相信你们也能用更好的方法去解决，带上团结、友爱、理解、包容、互帮互助这些美好品质，让我们这个家充满欢乐，好吗？ 2. 布置课后任务： 填写《大家庭小趣事——温馨瞬间》记录册	课后完成记录	通过记录的方式，营造友爱的班级氛围，促进学生之间的友谊

 附

一、板书设计

我们是一家人

团结　　友爱

理解　　包容

互帮互助

二、热身游戏：大风吹

听到老师喊"大风吹"，学生举起双手的同时立刻提问："吹哪里？"老师发出指令后，学生立刻用手根据指令完成动作。

例：师："大风吹。"生："吹哪里？"师："吹到同桌的手心里。"

师："大风吹。"生："吹哪里？"师："吹到好朋友的头发里。"

三、视频《分界》内容简介

学生学习生活真实情境再现。两个同桌因为互相侵犯"领地"而闹小别扭，并以画"三八线"为结束，不欢而散。

四、视频《打架》内容简介

学生学习生活真实情境再现。两个同学因为有些肢体碰撞起了争执，双方各执一词，认为是对方先碰撞的自己，僵持不下，就打了起来。

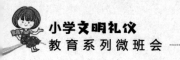
五、视频《误会》内容简介

学生学习生活真实情境再现。A同学掉了一支笔，怎么找也找不到，这时候在B同学的桌子上找到了，A同学就认为是B同学偷了她的笔。实际上是C同学在B同学座位下捡到了，就以为是B同学掉的，随手放在了B同学的桌子上。

六、我也会解决"家庭"小问题情景

（1）小红在课间突然难受，吐了一地，气味难闻，很多同学都捂着鼻子跑出了教室。你会怎样做？

（2）莉莉有一道题不会做，她想让同学给她讲讲，可是同学们都在做题，想一会儿出去课外活动。你会给她讲吗？为什么？

（3）教室里的地上有很多纸，老师说谁掉的纸请你现在捡起来。我觉得我没掉，所以我也不捡，我这样做有错吗？

七、小品

大家庭小趣事——温馨瞬间

班级温馨瞬间的收集：A同学受伤了，很多同学一起去帮助她、照顾她；B同学是特殊儿童，C和D保护她、呵护她；E同学在跑步，全班同学为他打气；F同学住院了，全班同学送上祝福，G同学为他送作业本……这些都构成了和谐友爱的二（3）班，我们是一家人。

我们都是好朋友

广州市番禺区钟村中心小学　方艳珠

【活动背景】

小学低年段的学生喜欢过集体生活，喜欢和同学交朋友，有交朋友的欲望，但在与同学交往的过程中，经常会发生小矛盾，却不知怎样使用文明的方法解决矛盾。针对这种情况，让学生学会友好相处很有必要。本节课将结合一年级学生的年龄特征和心理特点，通过引导学生回忆校园生活片段，参与"东南西北"小玩具等课堂活动，帮助学生找到与同学友好相处的小秘诀，鼓励他们积极地把交往技巧运用到实际生活中，感受与同学友好相处的快乐。

【活动目标】

1. 知识与技能

通过多种形式的课堂活动，明白与同学友好相处的重要性，找到与同学友好相处的小秘诀并运用到实际生活中。

2. 过程与方法

学会与同学友好相处的方法，懂得运用分享、帮助、谦让、包容的小秘诀，维系同学之间的感情，解决同学之间的小矛盾。

3. 情感态度与价值观

感受与同学友好相处带来的乐趣，体会文明交往中带来的快乐，形成良好的道德修养与心理调节能力。

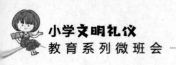

【活动对象】

小学低年段学生。

【活动形式】

讨论交流、看视频、诵读经典。

【活动时间】

15分钟。

【活动准备】

校园生活片段、生活故事、"东南西北"玩具。

【活动过程】

活动过程流程表

活动环节	教师活动	学生活动	设计意图
感受交往快乐	1. 组织学生观看校园同学做游戏的图片，引导回忆与同学相处的快乐时光。 2. 引导学生谈感受。 3. 揭示并板书课题	1. 观看校园同学做游戏的图片，引导回忆与同学相处的快乐时光。 2. 谈谈感受。 3. 齐读课题	创设学生熟悉的生活情境，引导学生回忆校园的快乐时光，激发同学们与同伴交往的热情
学会友好相处	1. 创设两组同学之间交往的情境，引导学生思考：如果你遇到这种情况，你会怎么做？ 2. 引导开展小组讨论，寻找维系同学感情的秘诀：分享、帮助。 3. 播放同学之间曾发生的小矛盾视频，提出问题，引导学生讨论交流： （1）在这次小矛盾中，谁做得不对？	1. 根据两组交往情境，思考：如果你遇到这种情况，你会怎么做？ 2. 小组分享。 3. 观看同学之间曾发生的小矛盾视频，小组讨论：在这次小矛盾中，谁做得不对？你可以告诉他们应该怎么做吗？	采用情境重现的方式，展示同学们交往中常常出现的问题，引导他们通过观看视频、讨论交流、重演故事等形式，激发学生探究交往小秘诀的热情，提高学生与同伴友好相处，快乐交往的能力

续 表

活动环节	教师活动	学生活动	设计意图
学会友好相处	（2）你可以告诉他们应该怎么做吗? 4.引导学生合作寻找与同学相处的秘诀：谦让、包容	4.分享交流，谈自己的看法和做法	
体验交往快乐	1.组织学生独自玩游戏"东南西北"，谈感受。 2.组织学生与同学一起玩"东南西北"游戏，再谈感受。 3.引导学生对比两次游戏的感受。 4.小结	1.学生独自玩游戏"东南西北"，谈感受。 2.与同学一起玩"东南西北"游戏，再谈感受。 3.对比两次游戏的感受。 4.小结	通过两次不同方式玩"东南西北"游戏，让学生对比体验与同学交往的快乐。强化学生思想上的认识，正面引导学生积极与同伴交往实践
经典导行	1.师生诵读经典《学做小真人》。 2.解释经典隐藏的含义	1.与老师一起诵读经典《学做小真人》。 2.学习经典隐藏的含义	利用国学经典故事，引领学生明理，指导交往实践，更好地让学生知行合一
延伸主题	1.引导学生谈收获。 2.归纳总结。 3.布置"友好大使"评选活动	1.谈收获。 2."友好大使"评选活动	通过评选"友好大使"活动，让学生把课堂学到的秘诀运用到生活中，促使学生坚持践行，发挥教育的延续性

 附

一、板书设计

我们都是好朋友

 分享　　 帮助

 谦让　　 包容

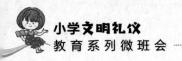

二、两组校园情境

情境一：你正在看一本有趣的书，同学也想看。你会怎么做？

情境二：看见同学摔跤了，你会怎么做？

三、发生的小矛盾视频内容简介

课间，班上两位男同学A和B在围观其他同学下棋，由于人多，站的位置拥挤，A、B两位男生开始互相推撞，互不相让，接着A把B推出去，自己霸占整个位置。B不服气，用力推A，最后两人扭打起来，被老师发现，阻止了他们的行为。

四、学生玩的"东南西北"游戏

具体操作：

（1）先让学生独自玩"东南西北"游戏，感受一人玩游戏的无趣。

（2）再让学生找同学玩"东南西北"游戏，感受与同学玩游戏的乐趣与快乐。

五、《学做小真人》经典内容

必有容，德乃大；必有忍，事乃济。——《尚书》

注释：必定要有容纳的雅量，道德才会广大；一定要能忍辱，事情才能办得好！

六、"友好大使"评选表

"友好大使"评选表

时间	与同学分享	帮助同学	玩耍时谦让	包容同学

说明：一个星期内，在你与同学相处中做到的内容处打"√"。

最美的语言

——文明用语，常伴你我

广州市番禺区市桥中心小学　郑琼丽

【活动背景】

小学低年段的学生独生子女居多，在家里都是"小皇帝""小公主"，往往以自我为中心，与他人交往中没有养成使用文明用语的习惯，见到师长不会主动打招呼；不善于和同伴、大人交流感受；与同学闹矛盾时出言不逊；等等。而对于小学生来说，学会正确使用文明用语、树立使用文明用语的意识，是懂礼貌、重礼仪教育的重要内容，是个人内在修养的必修课，也是他们将来走向社会人际交往的必备素质。因此，在本节微班会中，班主任结合低年段学生的心理特点，从绘本故事和学生身边发生的小事入手，引导他们分享交流生活体验，运用唱儿歌等生动活泼的形式，让学生懂得正确使用文明用语是尊重他人、文明生活的表现，这样能够使人与人之间的交往更加友好温暖。

【活动目标】

1. 知识与技能

通过活动，掌握基本的文明用语，能够在日常生活和学习中正确使用文明用语。

2. 过程与方法

通过活动，学会在日常生活中正确使用文明用语，树立使用文明用语的意

15

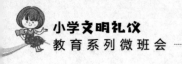
识和习惯。

3. 情感态度与价值观

通过活动，懂得使用文明用语是尊重他人、文明生活的表现；能够让人们之间的交往更加友好温暖，积极争做"文明礼仪之星"。

【活动对象】

小学低年段学生。

【活动形式】

绘本故事、分享交流生活体验、唱儿歌。

【活动时间】

15分钟。

【活动准备】

绘本故事《小公鸡有礼貌》、制作课件、准备音乐。

【活动过程】

活动过程流程表

活动环节	教师活动	学生活动	设计意图
故事热身激趣导入	1. 给学生们讲故事《小公鸡有礼貌》导入。 2. 引导谈话，导入板书课题	1. 听故事。 2. 交流分享听故事后的收获	故事导入，激发学生学习兴趣；让学生初步了解文明用语
初步认识文明用语	播放视频，提出问题： 1. 我们生活中有哪些文明用语？ 2. 使用文明用语有什么好处	观看视频，交流分享： 1. 使用文明用语有什么好处？ 2. 我们生活中有哪些文明礼貌用语	让学生初步了解基本的文明用语，懂得使用文明用语是尊重他人、文明生活的表现，树立使用文明用语的意识

续 表

活动环节	教师活动	学生活动	设计意图
联系生活 正确表达	1. 创设交往情境，引导学生说说使用哪些文明用语。 2. 引导学生联系生活实际，反思自己在与他人的交往中，能否正确使用文明用语	1. 根据老师提供的交往情境，说说应该使用哪些文明用语。 2. 联系生活实际，说说自己在使用文明用语方面哪些地方做得好，哪些地方做得不够好	能够根据老师提供的交往情境，正确使用文明用语，通过回忆和反思自己的生活经验，使学生初步感受文明用语在生活中的作用
践行文明 促进感悟	1. 唱儿歌。 2. 谈收获。 3. 教师小结、板书	1. 唱儿歌。 2. 谈收获	借用儿歌，激发学生使用文明用语的兴趣；在日常生活中会正确运用文明用语，人人争做"文明礼仪之星"

 附

一、板书设计

最美的语言

——文明用语，常伴你我

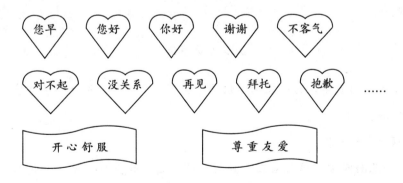

二、教学资源说明

绘本故事：

小公鸡有礼貌

播放绘本故事的教学目的：故事导入，激发学生学习兴趣，让学生初步了

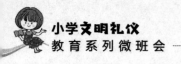

解"文明用语"。

绘本故事的主要内容：

小公鸡每天起得很早，它看见鹅大哥正在做早操，就很有礼貌地说："鹅大哥，您早啊！""你早。"鹅大哥高高兴兴地回答着，继续做早操。

小公鸡又去找鸭弟弟做游戏。它走到小鸭家门口，轻轻地敲门问："鸭弟弟在家吗？"门很快就开了。小公鸡一见鸭弟弟就说："鸭弟弟，你好！""你好！"鸭弟弟边说边拿出奶油面包招待小公鸡。小公鸡忙说："谢谢你。"小鸭子说："不用客气！"

它们吃完面包，一起到草地上玩捉迷藏的游戏。小鸭子一摇一摆地跑着，小公鸡一蹦一跳地在后边追，它们你追我跑，玩得可高兴啦！小公鸡一不小心把小鸭子碰倒了，小公鸡急忙跑过去把它扶起来，帮它拍拍身上的土，不好意思地说："鸭弟弟，摔疼了吗？真对不起！"小鸭子说："没关系，咱们接着玩吧！"

天不早了，小公鸡该回家了。它对小鸭子说："鸭弟弟，再见！"小鸭子说："明天我去找你玩！""好，我等你！"小公鸡边回答边连蹦带跳地跑回家了。

视频一：

认识文明用语

播放视频的教学目的：展示创设同学们交往的情境，引导学生学会正确使用文明用语。

视频的主要内容：

（1）见面问候、接待来客：您好、早上好、晚上好、请进、请坐、请喝茶、见到您很高兴、欢迎光临。

（2）分手辞别、送别客人：再见、再会、慢走、祝您一路顺风、欢迎再来。

（3）求助于人：请问、请帮忙、请帮助我一下、请多指教、麻烦你。

（4）得到感谢、听到致歉：别客气、不用谢、不要紧、没关系。

（5）打扰别人：请原谅、对不起、给您添麻烦了、让您受累了。

（6）无力助人：抱歉、实在对不起、请原谅。

视频二：

咱们从小讲礼貌

播放视频的教学目的：借用儿歌，激发学生使用文明用语的兴趣，在日常生活中会正确运用文明用语，人人争做"文明礼仪之星"。

视频的主要内容：

晨风吹，阳光照，红领巾，胸前飘，小朋友呀欢欢喜喜进学校。见了老师敬个礼，见了同学问声好，老师您好！同学你早！团结友爱心一条，团结友爱心一条。

好儿童，志气高，讲文明，讲礼貌，小朋友呀咱们一定要记牢。不骂人来不打架，果皮纸屑不乱抛，纪律要遵守，卫生要做到，咱们从小讲文明，咱们从小讲礼貌。

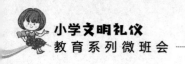

称呼的小学问

广州市番禺区石碁镇小龙小学　曾玉婵

【活动背景】

恰当、礼貌地称呼他人是良好沟通的第一步。小学低年段的大部分学生只懂得一些简单的称呼，在生活中学生未能完全分清自己和他人使用的称呼恰当、礼貌与否，未能根据对方的年龄、职业、地位、身份等恰当地称呼他人。因此有必要结合学生身心发展的特点，开展一节微班会，通过视频、图片、情境创设等方式教会孩子们恰当、得体地称呼他人。由一句恰当、礼貌的称呼开始，让学生践行礼仪，与他人建立良好的关系，养成文明的行为习惯。

【活动目标】

1. 知识与技能

通过活动，学会判断交往中自己与他人使用的称呼是否恰当，能够根据对方的年龄、职业、地位、身份等恰当地称呼他人。

2. 过程与方法

通过活动，感受恰当的称呼为他人和自己带来的愉悦心情，提高自己的交往能力和交往自信心。

3. 情感态度与价值观

通过活动，在生活中能自觉用上恰当的称呼去称呼别人，逐步养成良好的礼仪习惯。

【活动对象】

小学低年段学生。

【活动形式】

小组讨论、角色扮演。

【活动时间】

15分钟。

【活动准备】

制作课件、表格。

【活动过程】

活动过程流程表

活动环节	教师活动	学生活动	设计意图
视频之中感重要	1. 播放视频《小新的烦恼》，引导学生思考：为什么卖糖葫芦的爷爷和大哥哥都不理睬小新呢？ 2. 总结学生发言并归纳原因。 3. 揭示课题：称呼的小学问	1. 观看视频，边看边思考：为什么卖糖葫芦的爷爷和大哥哥都不理睬小新呢？ 2. 交流汇报	通过视频观看，激发学生换位思考，从而明白使用恰当、有礼貌的称呼是进行良好沟通的第一步
交流思考懂称呼	1. 播放视频《称呼有学问》，引导学生学习按年龄恰当地称呼他人。 2. 根据学生汇报板书按年龄恰当地称呼他人。 3. 引导学生按职务、职业、性别、人称等来恰当地称呼他人	1. 学生观看视频后，汇报按年龄恰当地称呼他人。 2. 学习按职务、职业、性别、人称等来恰当地称呼他人	利用学生已有的生活经验，通过视频、图片，让学生由浅入深地学会按年龄、职务、职业、性别、人称等来恰当地称呼他人，不着痕迹地提高学生用恰当称呼的意识

续 表

活动环节	教师活动	学生活动	设计意图
情境试练 用称呼	1. 创设情境，引导学生运用恰当的称呼进行对话。 2. 针对情境中的难点，教师与学生合作参与情境对话	1. 学生在小组中选择情境进行对话。 2. 学生小组展示用恰当的称呼进行对话。 3. 师生扮演情境角色进行对话	二年级的学生具体形象思维仍占优势，创设情境，让学生在情境活动中用恰当的称呼与人对话，活学活用，为之后养成恰当地称呼别人的习惯打下基础
拓展延伸 养习惯	1. 引导学生谈收获。 2. 发放《文明称呼》评价表，解释要求	1. 谈收获。 2. 坚持完成拓展延伸活动	深化学生认识，化知为行，把行为延伸到课外，让学生有意识地内化恰当、得体地称呼他人的礼仪

 附

一、板书设计

称呼的小学问

不能给他人起不雅绰号

不能直呼长辈的名字

二、《小新的烦恼》视频内容简介

小新的妈妈让小新出去买零食吃。小新走在路上，看见前面走着卖糖葫芦的爷爷，很高兴，连声大叫："卖糖葫芦的，你等一等！卖糖葫芦的，你等一等呀……"无论小新怎么喊，卖糖葫芦的爷爷就是头也不回地往前走，根本不理小新。小新觉得很疑惑，他想：明明这样的距离应该是听得见的呀！这时，迎面走来一个大哥哥，于是小新问大哥哥："胖哥哥，卖糖葫芦的为何不理我呀？"大哥哥听到小新叫他"胖哥哥"，"哼"了一声，继续往前走了，并没有理会小新。小新抓着脑袋，烦恼地说："这到底是怎么回事？"

三、《称呼有学问》视频内容简介

妈妈："嘟拉，叫人是有学问的。对自己的亲戚，按关系去叫，是什么就叫什么。比如，你的叔叔、姑姑、舅舅、阿姨，无论年龄大小，都叫叔叔、姑姑、舅舅、阿姨。不是自己的亲戚该怎么叫呢？对年长于自己的人，年龄和自己的爷爷奶奶差不多甚至还要大的叫爷爷、奶奶；年龄和自己的爸爸妈妈差不多的叫叔叔、阿姨，稍大一点的也可以叫伯父、伯母；年龄比自己大一点的叫哥哥、姐姐；而对比自己小的孩子，叫弟弟、妹妹，也可以叫名字。无论何时何地，称呼是不能叫错的，对长辈更不能直呼其名，那样是没礼貌没涵养的表现。当然，同辈人、同学、朋友，直呼其名就可以了。"

嘟拉："妈妈，大象被人叫成大胖，这样对不对啊？"

妈妈："如果你们是很好的朋友，大象又不介意的话，是可以作为昵称来叫的，要是他不喜欢的话就不行了！"

嘟拉："那我知道了，原来称呼也有这么多学问啊！"

四、文明称呼评价表

文明称呼我能行——践行称呼礼仪评价表

称呼	按哪方面来称呼 （年龄、职务、职业、性别……）	同桌评价 （称呼恰当、得体的打"√"，不正确的打"×"，并向同桌说明原因）
例：何奶奶	年龄	√

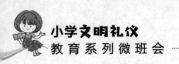
求助小法宝

广州市番禺区市桥实验小学　黄丽桃

【活动背景】

现在的小学生大多数是独生子女，在家中养尊处优，什么都不用自己操心，有困难都是家里人帮忙解决，以自我为中心的情况比较严重，导致现在的学生遇到困难向别人求助时不懂得如何有礼貌地表达自己的想法，有些孩子甚至表达不恰当，不愿意接受别人的拒绝，引起朋友间的误会而得不到帮助。针对以上情况，让学生知道遇到困难时，自己应当有礼貌地请求别人的帮助，如果别人拒绝自己时也要欣然接受，显得十分必要。班主任结合小学低年段学生的年龄特点，通过贴近学生生活的形式，如玩游戏、看漫画、看视频等，帮助学生认识到遇到困难向别人求助时应注意自己的表达方式，要有礼貌，从而提高他们的交往能力。

【活动目标】

1. 知识与技能

通过故事、漫画、视频等形式，让学生知道向别人求助时应注意表达方式，懂得接受拒绝。

2. 过程与方法

通过创设情境、小组合作等形式，让学生自主寻找求助的小技巧，学会礼貌接受别人的拒绝，学会与同学和睦相处。

3. 情感态度与价值观

通过活动体验，体会文明用语在同学相处中的重要性，并有意识地在生活中使用恰当的文明用语。

【活动对象】

小学低年段学生。

【活动形式】

小组学习、情境体验、分享交流、游戏。

【活动时间】

15分钟。

【活动准备】

情景漫画故事、录制视频、制作课件。

【活动过程】

活动过程流程表

活动环节	教师活动	学生活动	设计意图
故事广场（直面矛盾）	1. 组织学生听故事《小鸭问路》，引导思考：小鸭遇到了什么麻烦？为什么动物们都没有理会小鸭？ 2. 引导学生交流分享。 3. 揭示课题，板书课题	1. 听故事《小鸭问路》，思考：小鸭遇到了什么麻烦？为什么动物们都没有理会小鸭？ 2. 交流分享。 3. 看课题，齐读课题	以学生喜爱的故事形式导入，巧妙设计思考题，引导学生谈感受，引发情感共鸣，激发学生学习兴趣
情境探究（寻找秘诀）	1. 组织学生看漫画故事，引导思考：漫画故事中的小朋友遇到困难时是怎样做的，怎样说的？	1. 看漫画故事，思考：漫画故事中的小朋友遇到困难时是怎样做的，怎样说的？	结合学生的年龄特点，采用看漫画、看视频、小组合作探讨等形式，激发学生的研讨兴趣，

续 表

活动环节	教师活动	学生活动	设计意图
情境探究（寻找秘诀）	2. 引导学生交流。 3. 组织学生小组讨论：生活中我们应该怎样礼貌地向别人求助？把讨论结果写在卡纸上。 4. 引导学生分享"求助小法宝"。 5. 小结：带领学生齐读"求助小法宝"	2. 与同学交流。 3. 小组讨论：生活中我们应该怎样礼貌地向别人求助？把讨论结果写在卡纸上。 4. 分享"求助小法宝"。 5. 齐读"求助小法宝"	他们在讨论中思维得到碰撞，思想得到提升，他们的观察能力、语言组织能力、概括能力也得到了提升
实践探究（体验秘诀）	1. 引导学生运用"求助小法宝"，同桌合作演绎情境故事。 2. 组织学生表演。 3. 小结	1. 运用"求助小法宝"，同桌合作演绎情境故事。 2. 同桌表演	让学生运用自己找到的"求助小法宝"进行合作演绎故事，既能激发学生的学习兴趣，亦能锻炼学生分析问题、运用所学知识的能力，真正把所学知识运用到实际生活中
课外延伸（践行秘诀）	1. 引导学生谈收获。 2. 指导开展"礼貌之星"评选活动。 3. 小结	1. 谈本次活动的收获与体会。 2. 了解"礼貌之星"评选活动细则，参与活动	学生回忆本次课堂的所感所获，巩固本次课堂所学。另外，开展求助礼貌之星评选活动，让学生把这节课学到的方法运用到日常生活中，主题教育得到延伸

 附

一、板书设计

求助小法宝

礼貌求助：你可以……吗？/请问……/拜托……

我可否向你请教一个问题？

我现在……如果你方便的话，可否帮我……

……

接受拒绝：没关系！

二、故事

小鸭问路

鸭妈妈让小鸭去奶奶家。小鸭知道奶奶家在十里河。它呀呀地叫着，高高兴兴地出了门，小鸭子光着脚丫子专拣水洼走。啪，嗒，嗒，嗒，把水花溅得老高老高。出了村，前面是个岔路口，唉！该往哪里走呢？小鸭子糊涂了。白猪在路边睡觉，小鸭跑过去问："长嘴巴胖子，到十里河往哪边走？"白猪睁开眼，摇了摇头，心想：好没礼貌的孩子。白猪懒得回答，"嗯"了一声，又闭上了眼睛。

小鸭很扫兴，它想，原来白猪是个聋子。小鸭又往前走，看到一头水牛在耕田，它跑过去问："弯弯角大鼻子，往十里河怎么走？"水牛回过头瞪了它一眼，心想：好没教养的孩子。它不愿告诉他，昂起头"哞"地叫了一声说："不知道！"说着又埋头耕田去了。

小鸭只好继续往前走。看到一只山羊在路边吃草，就跑过去问："白胡子老头，往十里河怎么走？"山羊抬起头，叹了一口气，心想：如今的孩子怎么没大没小啊！它不想告诉它，只是说："你去问别人吧！"说着又低头吃草去了。小鸭子不认识路，只好呜呜呜地哭着回家了。

三、视频内容

学生1：你好！有件事想请你帮忙，可以吗？

学生2：什么事呢？

学生1：我想和你调换一下值日的时间，因为今天是我的生日，想早一点儿回家，你看行吗？

学生2：对不起，我今天晚上要补习，妈妈要我早点回家呢！

学生1：没关系，那我再问问别人能不能和我调换吧！

四、演绎故事

1.美术课上忘记带颜色笔

美术课上，大家都在安静地画着画。这时，小明想拿出他的勾线笔进行

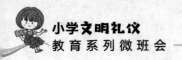

勾线，但他左翻翻，右翻翻，桌面上、书包里都没找到他的笔，非常着急。这时，他看到他的同桌小丽桌上放着勾线笔。如果你是小明，你会怎样做？怎样说呢？

2. 忘记抄作业

丁零零，放学铃声响了，大家都收拾好书包准备回家。小华也高高兴兴地在收拾，当他拿起作业登记本时，突然想起今天的作业他忘记抄了，他赶快抬头看，值日生也刚好把黑板擦得干干净净，怎么办才好呢？如果你是小华，你会怎样做呢？

排队的学问

广州市番禺区石碁镇韵琴小学　谢燕青

【活动背景】

学会排队，遵守秩序，做个文明有序的孩子，是现代小公民应有的素养。但小学低年段学生处理事情容易以自我为中心，从自己的感受出发，排队规则的意识不强，还没养成自觉排队的习惯。本节微班会将通过游戏活动等方式，让学生学会排队时守秩序，养成遵守公共秩序的良好习惯，做个文明的好孩子。

【活动目标】

1. 知识与技能

通过游戏互动、观看新闻视频报道，让学生明白日常生活中要遵守秩序，守序排队会让生活更有效、更安全。

2. 过程与方法

通过观看图片和视频等活动，让学生正确掌握在不同的场所排队的规则，学会排队。

3. 情感态度与价值观

参加各种游戏活动，让学生体验有秩序排队的快乐、文明排队的重要性，养成自觉排队的良好习惯。

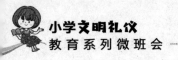
【活动对象】

小学低年段学生。

【活动形式】

玩游戏、看视频、辨别图片、亲身体验。

【活动时间】

15分钟。

【活动准备】

课件、视频。

【活动过程】

活动过程流程表

活动环节	教师活动	学生活动	设计意图
聊排队	1. 创设故事情境《领小红花》，引导学生思考：为什么小红会差点儿摔跤呢？ 2. 组织学生发言。 3. 播放视频"昆明明通小学踩踏事件"报道。 4. 引导学生谈感受。 5. 揭示课题《排队的学问》	1. 听故事《领小红花》，思考：为什么小红会差点儿摔跤呢？ 2. 思考后发言。 3. 看视频"昆明明通小学踩踏事件"报道。 4. 学生谈感受。 5. 齐读课题《排队的学问》	创设学生熟悉的生活情境，激发学生的学习兴趣；观看真实的踩踏事件，让事实说话，使学生真切感受到守秩序、学排队的重要性。熟悉的场景容易打开学生的话匣子，能引发学生思想的共鸣
学排队	1. 组织学生观察图片，引导学生思考，排队时有什么学问？	1. 辨别图片，明白排队时的学问。 图一：排队要快静齐。 图二：前后有间距。 图三：眼睛看前面。 图四：排队不打闹。	让学生从图片中找出排队的学问，形式生动有趣，学生乐在其中；学生边看图边思考边讨论，在合作中思维得到碰撞，在交流中互相学

续 表

活动环节	教师活动	学生活动	设计意图
学排队	2.组织学生根据图意汇报排队情况。 3.板书小结	2.学生汇报排队情况,总结排队规则。 3.集体读板书《排队歌》	习,由浅入深,由少到多,排队的学问在谈论中产生,不用老师说,已经记在脑海中
排好队	1.组织学生三个游戏活动。 (1)排队到班级图书馆拿图书。 (2)全班听到集合铃声后,按出操的队列到走廊排队。 (3)老师宣布获奖名单排队上台领奖。 2.引导学生谈感受。 3.老师小结	1.参与体验活动。 体验一,分组排队到班级图书馆拿图书。 体验二,听到集合铃声,按出操的队列到走廊排队。 体验三,排队上台领奖。 2.学生交流排队心得	根据二年级学生活泼好动、敢于尝试的年龄特点,本环节让全体学生都动起来,让他们通过亲身体验和尝试,在体验中习得排队的正确方法,并体验到学习的快乐
自觉排队	1.引导学生谈收获与感受。 2.组织学生了解"争做排队小先锋"的表格。 3.总结延伸	1.谈谈本节课的收获与感受。 2.了解"争做排队小先锋"的表格	通过"争做小先锋"活动,增强学生在公共场所做到自觉排队的意识,对"守规则,自觉排队"产生强化作用

 附

一、板书设计

排队的学问

好处: 安全　　　秩序　　　公平　　　文明

规则: 先来的排前面　　　后到的排后面

有间距　　　　懂礼让

二、"昆明明通小学踩踏事件"报道

2014年9月26日14时左右,明通小学预备铃响后,学生从宿舍前往教室的过程中发生踩踏事故,导致6人死亡,26名学生受伤,主要是一、二年级小学生。

事故发生在2014年9月26日下午2点30分左右，当时一、二年级的学生正集体结束午休，从休息的楼层下楼返回教室。一名学生回忆称，午休室门口有两个长约3米的棉花垫，很多学生出于好奇，上前击打，致棉花垫翻倒在地，将一些学生压在下面。后面的同学不知道有人被盖住了，就踩了上去，同学们有的哭、有的喊、有的叫，现场一片混乱，由此引发了事件。

三、"争做排队小先锋"表

"争做排队小先锋"表

姓名：			
时间	地点	事情	能自觉排队的奖励（三个大拇指）

备注：一周统计一次，拿到最多大拇指的就是班级排队的小先锋。老师颁发"排队小先锋"奖状。

嘘，小点儿声

广州市番禺区市桥先锋小学　林绿苗

【活动背景】

《中小学文明礼仪教育指导纲要》要求学生掌握家庭、校园、公共场所等社会生活领域的交往礼仪，养成文明礼貌的行为习惯，做优雅大方、豁达乐观、明礼诚信的合格公民。其中，对于低年级小学生要求的交往礼仪是遵守秩序，轻声交谈，不打扰他人。本节微班会旨在通过形式多样的活动，让学生懂得在公共场合保持安静，学会相关礼仪，并在日常生活中践行，做文明的小公民。

【活动目标】

1. 知识与技能

通过观看视频、讨论等活动，知道在公共场所要保持安静，不打扰他人，懂得根据具体的语言环境控制自己的音量。

2. 过程与方法

通过绘本学习和情境表演，认识常见的"保持安静"的标志，学会在公共场所控制声量等礼仪，并在日常生活中有意识地践行。

3. 情感态度与价值观

通过组织学生小组讨论，感受在公共场所文明言行带来的愉悦，逐步养成良好的文明习惯，做文明懂礼的小学生。

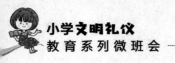
【活动对象】

小学低年段学生。

【活动形式】

讨论交流、绘本学习、情境表演。

【活动时间】

15分钟。

【活动准备】

课件、视频、音量收集卡。

【活动过程】

活动过程流程表

活动环节	教师活动	学生活动	设计意图
游戏导入引出"安静"	1. 组织学生参与"考考你活动"。出示医院、图书馆、博物馆保持安静的图标，引导思考：这些标志是什么意思，它的作用是什么？ 2. 引导全班交流。 3. 组织学生观看视频《吵闹的医院和安静的图书馆》。 4. 引导学生谈感受。 5. 小结：在公共场所要保持安静，不打扰他人。 6. 揭示课题——《嘘，小点儿声》	1. 参与"考考你活动"。出示医院、图书馆、博物馆保持安静的图标，思考：这些标志是什么意思，它的作用是什么？ 2. 全班交流。 3. 观看视频《吵闹的医院和安静的图书馆》。 4. 谈感受。 5. 齐读课题——《嘘，小点儿声》	呈现三个常见的"保持安静"标志的场所，引导学生认识这些标志，并明白标志的作用，懂得在公共场合必须保持安静；通过学生对安静与吵闹的环境感受的对比，从中体会公共场合安静的重要性

34

续 表

活动环节	教师活动	学生活动	设计意图
创设情境 学会安静	1. 组织学生观看绘本视频《关闭大嗓门》。 2. 引导学生讨论：米拉在公共场合的表现如何？你想对她说什么？ 3. 组织小组进行情景表演：做个文明小使者。 4. 引导学生思考和讨论：公共场所中如果没有安静的标志，也要小声说话，保持安静吗？为什么？ 5. 组织学生填写："公共场所音量收集卡"	1. 观看绘本视频《关闭大嗓门》。 2. 小组讨论，交流看法。 3. 小组情景表演，在不同的场所，提醒伙伴如何做才能小点儿声。 4. 小组讨论交流。 5. 填写"公共场所音量收集卡"	通过绘本学习和情境表演，让学生认识到在没有警示标志的公共场所也要小声说话，保持安静，不打扰别人，懂得这是尊重他人的文明表现，由此引发学生公共场所要学会音量控制的思考
设计图标 做到安静	1. 组织学生进行"小小调音师行动"，还有什么方法可以帮助自己或他人控制音量？ 2. 组织全班交流。 3. 组织学生设计"轻声图标"：展示公共场合的警示标志，组织学生设计不同公共场所的声音警示牌。 4. 小结：公共场合小点儿声，是讲文明懂礼貌的行为，更是心中有爱的表现	1. 小组讨论，说说自觉控制音量的方法。 2. 全班交流。 3. 观看公共场所的警示标志，自己设计轻声图标，全班展示	本环节让学生思考有效地控制音量的办法，帮助学生养成良好的行为习惯。通过动手实践设计警示语环节，引导学生懂得根据具体的语言环境控制自己的音量
课堂总结 回归生活	1. 出示文明拍手歌。 2. 展示"我是文明小使者"小评比要求。 3. 总结：同学们要遵守公共场合秩序，不大声喧哗，小点儿声，不打扰他人，做一个文明懂礼的小学生	1. 齐唱儿歌。 2. 课后完成"我是文明小使者"记录表格	通过朗朗上口的儿歌和课后记录表，把课堂上学到的延伸到课后，与家长一起完成，在实践中逐步养成公共场所文明的习惯

📖 附

一、板书设计

嘘，小点儿声

医院　　图书馆　　博物馆——公共场所

保持安静　文明　调节音量　不打扰他人

二、公共场所音量收集卡

_____需要小点儿声，

因为_____。

音量收集卡

三、《关闭大嗓门》绘本故事内容

关闭大嗓门

　　小白熊米拉真高兴，今天和同学老师去旅行喽！坐在公共汽车上，米拉兴奋地大叫："好漂亮啊！"小旅鼠跳了几次，想捂住米拉的嘴巴，可是它没够着。同学们一起来到电影院，这里正上映动画片《冰雪奇缘》。"我太喜欢了！"老师给每个小同学都买了票，米拉和小旅鼠一起走进了电影院。电影开演了，米拉看到高兴处，总是忍不住大叫，周围的观众都站起来，悄悄地离开了它。驯鹿老师走过来，轻轻拍了拍米拉，小旅鼠拿卷筒冰激凌堵住了米拉的嘴巴："电影院不能大声说话。"

　　散场之后，老师带大家来到了极地儿童餐厅，"这里有巨型鳕鱼汉堡哟！"米拉的一声大叫，吓得旁边正端着盘子的服务员差点儿扔掉盘子，小旅鼠无奈地掏出小旗子，朝米拉举了起来。

四、文明拍手歌

你拍一，我拍一，公共场所真安静；

你拍二，我拍二，不喧哗不吵闹；

你拍三，我拍三，说话时控音量；

你拍四，我拍四，对他人不打扰；

你拍五，我拍五，社会文明齐维护，齐维护！

五、"我是文明小使者"记录表

"我是文明小使者"记录表

我是文明小使者 ★讲话轻轻、动作轻轻、分清场合、文明懂礼★			
	自己	同学	家长
餐厅	★	★	★
电影院			
地铁			
公共汽车			
商场			
电梯			
公园			
……			

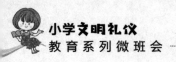
公共场所莫喧哗

广州市番禺区培智学校　　王永慧

【活动背景】

小学低年段学生对公共场所有简单的认知，但是还没有对"公共场所—轻声说话—文明行为"建立有效的联结。虽然他们明白基本的文明礼仪，如问好、打招呼、保持安静等，能在家人或老师的带领下到公共场所活动，但还不能很好地控制自己的行为。班主任引导学生理解文明礼仪的内在含义，从细微处入手，从贴近学生生活的小事出发，引导他们懂得公共场合不喧哗，自觉遵守公共秩序，让他们在活动中体验，在体验中感悟，从而内化为自己的行为习惯是非常有必要的。

【活动目标】

1. 知识与技能

通过观看视频、互动体验等活动，让学生认识到在公共场所不喧哗是一种文明行为，懂得公共场所的小礼仪，努力成为文明礼貌的小公民。

2. 过程与方法

通过观看视频、亲身体验、情境讨论、为同学点赞等多种形式，学习在公共场所与人说话的技巧和提示动作，并内化为自身的行动。

3. 情感态度与价值观

通过活动，感受和体验在公共场所文明言语所带来的愉悦，在强化、激励的过程中慢慢形成良好的文明行为习惯。

【活动对象】

小学低年段学生。

【活动形式】

观看视频、体验活动、交流讨论、现场练习。

【活动时间】

15分钟。

【活动准备】

课件、视频、点赞牌（贴纸）。

【活动过程】

活动过程流程表

活动环节	教师活动	学生活动	设计意图
观看视频揭示主题	1. 教师组织学生观看《可可小爱——请勿喧哗》动画视频，引导思考：当斑马先生、熊先生在大声讲话的时候，可可和小爱做了什么动作？这个动作代表什么意思？ 2. 引导学生回答。 3. 小结学生发言：分析理解"嘘"的手势动作代表"小声"或"安静"。 4. 揭示主题	1. 观看《可可小爱——请勿喧哗》动画视频，思考：当斑马先生、熊先生在大声讲话的时候，可可和小爱做了什么动作？这个动作代表什么意思？ 2. 回答思考问题。 3. 分析理解"嘘"的手势动作代表"小声"或"安静"。 4. 齐读课题	用学生喜爱的动画导入，第一时间抓住学生的眼球，引发学生参与班会活动的兴趣。动画的内容简短，情节简单，符合一年级学生的认知、记忆特点，能有效地帮助学生理解活动内容

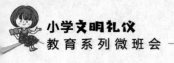
活动环节	教师活动	学生活动	设计意图
活动体验 分享感受	1.组织学生两人一组，面对面坐好，分两次进行"听我对你说"的体验活动。 2.讨论、分享感受： （1）刚才别人对你小声或大声说话的时候，你感觉怎样？心情怎样？ （2）你更喜欢哪种说话方式？ 3.教师总结学生的发言	1.分组参与体验活动： （1）请小声在你的同学耳边说："听我对你说，我是××，是你的好朋友。" （2）请大声在你的同学耳边说："听我对你说，我是××，是你的好朋友。" 2.分享自己的活动感受，可以语言表达或者动作模仿	活动的出发点是"参与体验"，落脚点则在于"教育提升"。特别是一年级学生，生硬的说教远不及亲身体验的教育效果来得真切。通过这个活动，让学生亲身体验别人"大声"和"小声"说话时给自己的感受，并带着这种感受继续参与到下面的班会活动中，有助于提升学生对"在公共场所要小声说话"这种文明行为的理解和掌握
情境探究 寻找方法	1.组织学生观看两则视频，小组合作进行讨论，帮助视频中的朋友找出在公共场所谈话的适当方法。 2.引导学生合作展示研讨成果（学生组成学习小组，相互配合，展示成果）	1.观看视频，小组合作探讨：遇到视频中的情况应该怎么做？ 2.小组尝试用多种形式展示本组所探讨出的方法	在有亲身体验的基础上观看视频，学生就很容易理解视频中人们的表情的含义。小组讨论主要针对"接受别人的指正，改正自己的错误"这一问题对学生进行引导，使学生的行为往好的、文明的方向发展
出彩点赞 运用方法	1.组织学生表演小品《在超市买东西》《在图书馆看书》，参加"出彩培智人"活动，引导学生为文明举止点赞。 2.引导学生参加"为自己点赞"活动，浏览文明墙上的照片，为自己和同学的文明行为点赞	1.参加小品表演。 2.在老师引导下参加"点赞"活动，有能力的学生说说为什么点赞	活动是让学生身心愉悦和焕发活力的有效形式，是激发学生热情与主动性的催化剂。本环节的这两个活动都是与学生生活息息相关、学生亲身参与过的，学生参与度非常高。作为整节班会的统整活动，不仅能促进学生参与活动的积极性，同时也能检验学生是否真正了解"在公共场所小声说话是一种文明行为"的含义

续 表

活动环节	教师活动	学生活动	设计意图
课外延伸 践行方法	1.活动小结：与同学们一起回顾同学们文明行为的照片，一起给予同学鼓励。 2.开展"文明之星"评选活动	1.看照片，一起回顾同学或自己的文明行为，给予同学鼓励。 2.参加"文明之星"评选活动	利用活动发挥主题教育的延续性，让学生把所学所感运用于生活中，才是更有效的教育

 附

一、板书设计

公共场所莫喧哗

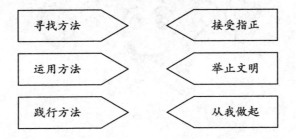

寻找方法　　　　接受指正

运用方法　　　　举止文明

践行方法　　　　从我做起

二、视频内容简介

可可小爱——请勿喧哗

在银行排队的时候，斑马先生大声讲电话，别人都捂住耳朵觉得好吵啊！可可和小爱告诉它："嘘——请小声一点"；在公交车站，人们都在等车，斑马先生大声讲电话，别人都捂住耳朵觉得好吵啊！可可和小爱告诉它："嘘——请小声一点"；在饭店，人们都在用餐，斑马先生和熊先生大声地聊天，别人都捂住耳朵觉得好吵啊！可可和小爱告诉它们："嘘——请小声一点"。

公共场所不能大声喧哗

一个小朋友在公交车上大声打电话，吵得旁边的阿姨直皱眉，车里其他的

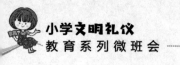
乘客也很反感。这时，机器人博士过来告诉他在公共场所应该怎样做。

公共场合不喧哗，文明轻语不扰人

朋友们都在候车室候车，小河马跑来大声喊着来晚了。小企鹅告诉它要小声一点，小河马不听，坐在位子上继续大喊大叫，周围的人都捂上了耳朵。这时工作人员走了过来，教育了小河马。小河马知道自己做得不对，向旁边的人道了歉。

三、点赞牌、贴纸

贴纸图

课间安全记心中

广州市番禺区市桥富豪山庄小学　韩研津

【活动背景】

课间10分钟是学生最快乐、最自由的时间，它既能让学生的大脑和身心都得到放松与休息，又具有调节疲惫状态、陶冶情操、促进人际交往的作用。但因为课间时间学生活动集中，时间虽然不长，但潜在的不安全因素明显多于其他时段。首先，活动场所主要为教室、走廊，活动场地窄小，以课室为例，物品摆放较为杂乱，学生很容易绊倒摔伤，活动场地有一定的安全隐患。其次，小学生活泼好动，爱玩是他们的天性，在课间打闹追逐现象较为普遍，课间10分钟成了学生校园伤害事故的高发时段。因此，通过本节微班会，旨在帮助学生了解课间存在的安全隐患及掌握一些在课间活动中保护自己和他人的方法，提高学生的课间安全意识，给他们创设安全的课间环境。

【活动目标】

1. 认知与技能

通过活动，了解课间存在的安全隐患，认识到课间安全的重要性，懂得注意课间安全，能够保护自己和他人。

2. 过程与方法

在活动中，学会从"受伤者"的角度进行换位思考，寻找避免课间受伤的方法，掌握一些保护自己和呵护他人的方法，共同营造安全的课间活动环境。

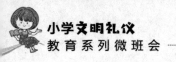

3. 情感态度与价值观

在活动中，感受到课间活动受伤的危害，体会安全课间带来的愉悦，提高课间活动的安全意识。

【活动对象】

小学低年段学生。

【活动形式】

小游戏、小组合作、情境模拟。

【活动时间】

15分钟。

【活动准备】

收集日常课间活动的图片，准备微课、音乐，制作课件，剪贴画。

【活动过程】

活动过程流程表

活动环节	教师活动	学生活动	设计意图
情境导入引思考	1. 组织学生看两张学生课间玩耍的照片：一张是开心玩耍；另一张是玩的时候受伤。 2. 引导学生谈感受。 3. 小结：课间是快乐的时光，但如果不注意安全，很容易发生危险	1. 看两张课间玩耍的照片。 2. 谈感受	利用学生熟悉的课间活动照片引入，吸引学生的注意力，有效地引起他们对课间安全的思考与重视，顺势引入课题
物品摆放要有序	1. 组织学生观看动画《淘淘的课间（1）》，引导思考：淘淘为什么会受伤呢？ 2. 引导学生回答。	1. 观看动画《淘淘的课间（1）》，思考：淘淘为什么会受伤呢？ 2. 回答问题。	用学生喜欢的动画引导学生想办法帮助淘淘避免受伤害，体会物品乱摆乱放带来的

活动环节	教师活动	学生活动	设计意图
物品摆放要有序	3. 组织学生讨论：坐上时光机回到过去，如何帮淘淘避免伤害？ 4. 小组活动"找一找，摆一摆"剪贴画《淘淘的教室》：将里面摆放不当的物品摆到正确的地方。 5. 组织学生展示剪贴画。 6. 小结：教室里的物品要有序摆放，才能营造安全的课间环境	3. 讨论交流：坐上时光机回到过去，如何帮淘淘避免伤害？ 4. 同桌完成剪贴画游戏。 5. 全班交流、展示剪贴画	危害。利用剪贴画让学生思考各类物品应放在哪里才安全。从认知到动手实践，让学生养成物品有序摆放的好习惯
课间活动我留意	1. 组织学生观看动画《淘淘的课间（2）》，引导思考：淘淘再次受伤的原因是什么？ 2. 引导学生回答。 3. 小组合作：看图，给图上的同学写安全小提示。 （1）玩追逐游戏。 （2）躺在地上看书。 （3）在教室里踢球。 4. 组织小组汇报，随机归纳提升课间安全小技巧。 5. 小结：课间活动不追逐，同学之间多提醒，安全游戏快乐玩，留心身边的人和事，主动积极勤帮助	1. 观看动画《淘淘的课间（2）》，思考：淘淘再次受伤的原因是什么？ 2. 回答交流。 3. 小组合作：看图，给图上的同学写安全小提示。 （1）玩追逐游戏。 （2）躺在地上看书。 （3）在教室里踢球。 4. 小组汇报	采用创设情境、图片等形式，借用具体的三个课间活动情境，激发学生发现安全隐患的能力，提高学生的安全意识，掌握活动中保护自己与呵护他人的方法
安全活动我会做	1. 组织学生分组模拟课间活动。 2. 引导学生谈活动感受。 3. 小结：同学们的课间活动真是丰富多彩！大家还能运用学到的安全小技巧从保护自己和呵护他人两个方面留心，让课间活动变得更安全，大家都是出色的安全小卫士	1. 分组模拟课间活动。 2. 谈活动感受	通过体验式活动，让学生模拟课间10分钟开展课间活动，既能提高发现安全隐患的能力，又能把思想上的认识转化为行为实践，学会如何在活动中保护自己和他人，从而指导自己今后的行为选择

续表

活动环节	教师活动	学生活动	设计意图
爱惜生命靠自己	1. 引导学生交流谈收获。 2. 组织学生齐唱课间安全歌。 3. 组织课后进行课间安全卫士比赛。 4. 安全寄语，深化主题：我们的生命是由一颗颗牙齿、一寸寸皮肤、一根根头发组成的。学会保护自己和他人的身体，身心健康、愉快，就是爱惜我们的生命！校园生活里，课间里，最容易因为我们的不留意而受伤，只有把课间安全记心中，我们的生命之花才会绚丽绽放	1. 谈收获：安全嘱咐。 2. 齐唱课间安全歌。 3. 课后开展"争当课间安全司令"比赛	学生的所感所获应当回归到平常的每一个课间。践行认知，才能更好地达到知行统一。心理学表明，人的行为在一段时间或在一些重复的经历后，就会被固定下来，形成习惯。"争当课间安全司令"环节能不断强化学生的课间安全意识，最后内化为自身行为。从课间这个切入点引发对身心、生命的关注和热爱

 附

一、板书设计

课间安全记心中

课间不追逐

物品摆放　　　　　　互相多提醒

要有序　　保护自己　文明玩游戏
　　　　呵护他人
　　　　　　　　　　留心身边事

　　　　　　　　　　主动勤帮助

二、教学资源说明

微课：

淘淘的课间（1）

播放微课的教学目的：利用课间常见的一种不安全现象，引起学生对因物品无序摆放引发的安全问题的关注和讨论。

微课的主要内容：下课了，淘淘想和同学到走廊上看风景，结果一不小心，被倒在地上的书包绊倒了。

故事：

淘淘的课间（2）

引入故事的教学目的：结合学校的实际情况创设学生熟悉的课间情境，引起学生对课间追逐等引发安全问题的重视。

故事的主要内容：又一个课间，淘淘听同学们说操场上的木棉花飘棉絮了，像下雪一样！雪白的棉花上还裹着一颗小小的种子，十分有趣！淘淘走出教室想去捡几颗种子，突然被迎面飞奔而来的一道黑影撞倒了，膝盖、手肘都擦破了，流了不少血，门牙也撞松了。

三、"物品摆放要有序"——剪贴画

物品：铅笔、笔盒、课本、书包、桌椅、雨伞、纸屑垃圾

四、课间安全歌

你拍一，我拍一，课间安全要牢记。

你拍二，我拍二，物品摆放要有序。

你拍三，我拍三，课间活动我留意。

你拍四，我拍四，爱护生命靠自己。

五、爱惜生命靠自己——课间安全卫士成长记录表

课间安全卫士成长记录表

1	2	3	4	安全士兵	6	7

8	9	10	11	安全将军	13	14
15	16	17	18	19	20	安全司令

每日一评：（1）我能把物品摆放有序。（　　　）

（2）我能在课间里保护自己、呵护同学。（　　　）

请每天根据以上两项标准进行评分，两项同时做到的可获1颗★，前进一格。集满5颗可成为"安全士兵"，集满12颗成为"安全将军"，集满21颗就是课间"安全司令"啦！

课堂遵规守纪，做文明学生

广州市番禺区化龙第二小学　梁弟初

【活动背景】

适应课堂学习生活离不开基本的规范，对于小学低年段学生而言尤其如此。对于课堂学习生活，学生已经有了初步的体验，其中必然会遇到各种各样的困难与问题。比如，他们的注意力集中时间还比较短；有些同学不知道课前准备应该怎么做；有些同学还不能按要求做到……《中小学文明礼仪教育指导纲要》中对一到三年级学生做出明确要求，要做到"遵守秩序，轻声交谈，不打扰他人"。本课旨在引导学生反思、探究，了解基本的课堂学习规范，积极适应课堂学习生活，初步养成良好的课堂学习习惯，喜欢和同学、老师交往，高兴地学，并在课堂学习中能情绪安定，心情愉快。

【活动目标】

1. 知识与技能

通过观看视频、讨论等活动，让学生认识不遵守课堂秩序的危害，懂得基本的课堂规范有哪些，并自我纠正不良的课堂行为习惯，做一个遵规守纪的小公民。

2. 过程与方法

通过现场示范、模仿练习等方式，让学生学习正确的课堂坐姿和正确的举手姿势，并通过小组讨论、合作探究，了解基本的课堂学习规范和尝试寻找遵

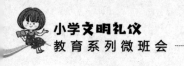
规守纪的有效方法。

3. 情感态度与价值观

学生在解决一系列问题的过程中，树立课堂规范意识，并逐渐培养良好的课堂行为习惯，乐于探究、热爱生活，进而增强课堂规范意识。

【活动对象】

小学低年段学生。

【活动形式】

小组学习、示范表演。

【活动时间】

15分钟。

【活动准备】

把故事拍成小视频、制作课件、准备行为习惯养成记录卡。

【活动过程】

活动过程流程表

活动环节	教师活动	学生活动	设计意图
热身游戏	组织游戏，快乐互动	参与游戏，活动体验	与学生一起游戏互动，活跃气氛，为后面的教学热身
课前做准备：观看视频，知危害	1. 组织学生观看视频《希希的课前准备》。 2. 引导学生发现问题，思考为什么会出现这样的烦恼？	学生观看视频，思考并寻找原因	这个环节的设计，视频就是学生学习生活中常见的问题，以学生的生活作为课程内容的主要源泉，实现生活、教学、发展三位一体

续 表

活动环节	教师活动	学生活动	设计意图
课中有方法：联系实际，尝试寻找方法	1. 组织学生联系实际说一说：课堂上我们还有哪些课堂规范需要遵守？ 2. 引导学生反思，并请小教师示范正确的做法	1. 小组讨论，交流汇报。 2. 把找到的正确方法示范给大家看。 3. 自我检查，互相纠正	课堂教学对于学生而言就是一种有组织、有纪律的学习生活，其本质是学生个体与同伴、老师的交往。通过课程的引领、老师的指导与同伴的启发，学生是能够主动适应课堂学习生活的，并喜欢和同学、老师交往，愿意以积极的心态参与到学习生活中来
课后要坚持：学会规范，形成习惯	1. 小结课程。 2. 提出希望，争当"文明小学童"	学生每天完成习惯养成记录卡，互相督促，自我检查	总结践行，课后延伸：帮助学生养成习惯，是活动的内化和延伸

 附

一、板书设计

课堂遵规守纪做文明学生

课前准备好

上课认真听

勤思考多举手

大家一起学

二、教学资源说明

视频中的故事：

希希的课前准备

播放视频的教学目的：视频就是学生学习生活中常见的问题，以学生的生活作为课程内容的主要源泉，实现生活、教学、发展三位一体。

视频的主要内容：

（1）上课铃响了，这一节要上的是美术课。大家都已经做好了课前学习用品的准备。当老师来到教室时，希希同学仍然在书包里翻找东西。

（2）老师问："希希，你在找什么啊？"希希回答："我在找我的美术书。"当他找到了美术书，又想起自己的画笔忘带了，他接着说，"老师，我的画笔没带来。"老师关心地说："你们遇到过这样的情况吗？大家有什么好主意可以帮帮希希啊？"

（3）同学们争先恐后地回答：

A："每天上学前都要检查一下书包，按课程表准备，不要遗忘该带的学具。"

B："上课前要将本节课需要的学习用品准备好。"

C："学习用品不论是在书包里还是在课桌的抽屉里，都要摆放有序，避免用时找不到。"

D："如果忘记带了也不要着急，可以向同学借，或者和同学共用啊。"

三、行为习惯养成记录卡

行为习惯养成记录卡

争做文明小学童				课前准备好 上课认真听 勤思考多举手	
	星期一	星期二	星期三	星期四	星期五
1	☆				
2					
3					
4					
5					
6					
1. 这节课我做到了，奖励自己一颗星					
2. 这个星期我拿到了（　　　）颗星					

我是最佳小听众

广州市番禺区毓贤学校　　周柳婵

【活动背景】

人与人交往就是一个互相沟通的过程，而沟通除了表达之外，倾听的作用也是我们不能忽视的。善于倾听是现代人必备的素质之一。现在小学生自我意识强烈，个性彰显，在课堂学习中常常会以自我为中心，急于表现自己，不懂得倾听。如何让学生学会倾听，关系到学生能否有效地获取知识，参与课堂，养成好的学习习惯，提升学习的能力。本节为班会课，旨在让学生懂得倾听的重要性，初步知道如何倾听，争做最佳听众。

【活动目标】

1. 知识与技能

通过形式多样的活动，让学生意识到倾听的重要性，明白人与人交往时倾听的意义。

2. 过程与方法

在生活的情境、小组合作等多样化的活动中，寻找倾听的小方法，在日常生活中努力做到倾听。

3. 情感态度与价值观

借助具体的活动形式，感受倾听带来的快乐体验，逐渐形成倾听的意识，树立正确的倾听观念。

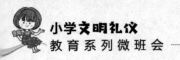
【活动对象】

小学低年段学生。

【活动形式】

小组学习、游戏、讨论。

【活动时间】

15分钟。

【活动准备】

课件、游戏工具和奖品、轻音乐。

【活动过程】

活动过程流程表

活动环节	教师活动	学生活动	设计意图
游戏导入（揭示主题）	1. 组织学生参与"传话游戏"。 2. 引导学生小结并分享游戏的成功经验与失败教训。 3. 小结，板书课题	1. 参与"传话游戏"。 2. 小结并分享游戏的成功经验与失败教训。 3. 齐读课题	通过学生感兴趣的游戏导入"我是最佳听众"的主题，让学生在游戏中感受认真倾听的重要性，激发他们的兴趣和积极性
经典故事（感受价值）	1. 组织学生听故事《小金人的故事》，引导思考：为什么第三个最有价值？ 2. 引导学生汇报分享。 3. 小结	1. 听故事《小金人的故事》，思考：为什么第三个最有价值？ 2. 汇报分享	听故事是小学生最喜爱的。通过故事引发学生的学习兴趣，让学生更加形象地明了倾听的三种情况，明白什么才是真正的倾听。在老师小结时反思自身存在的问题，了解自己，才能更好地主动调整自己

续 表

活动环节	教师活动	学生活动	设计意图
巧释"聽"字（寻找秘诀）	1. 组织学生听故事《小猫的倾听》，从故事中寻找倾听的小秘诀。 2. 组织学生小组讨论。 3. 引导学生分享展示。 4. 趣说"聽"字，小结	1. 听故事《小猫的倾听》，从故事中寻找倾听的小秘诀。 2. 小组讨论。 3. 分享展示。 4. 趣说"聽"字	听故事寻找倾听的小秘诀，充分激发学生参与的兴趣，让学生寻找并总结出"倾听小秘诀"，充分发挥学生的主观能动性。老师结合"聽"字的解释进行小结，让学生深刻领会倾听的含义并付诸行动
回归生活（运用秘诀）	1. 引导学生结合实际讨论分享： （1）倾听我做到了吗？ （2）我今后准备怎么做？ 2. 组织学生玩游戏：我是最佳小听众。（同桌互相讲几句话，让对方复述） 3. 引导学生谈游戏感受	1. 结合自身实际讨论分享： （1）倾听我做到了吗？ （2）我今后准备怎么做？ 2. 玩游戏：我是最佳小听众。（同桌互相讲几句话，让对方复述） 3. 谈游戏感受	教育要回归生活，倾听习惯的培养是一个长期的过程，要蕴含于日常学习的整个过程。让学生在游戏中巩固本节课所学，同桌游戏，落实到人人参与，践行认知，就能更好地实行知行统一
课外延伸（践行秘诀）	1. 引导学生谈活动感受。 2. 解说"倾听能手"评选活动要求。 3. 总结	1. 谈活动感受。 2. 理解"倾听能手"评选活动要求	让学生把这节课学到的倾听秘诀运用于日常生活中，发挥主题教育的延续性，才是更有效的教育

 附

一、板书设计

我是最佳小听众

对他人的尊重

 聽   倾听有秘诀

耳有所得

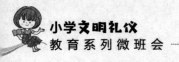

二、教学资源说明

故事一：

三个小金人的故事

播放故事的教学目的：通过故事激发学生的学习兴趣，让学生更加形象地明了倾听的三种情况，明白什么才是真正的倾听。

故事内容：

曾经有个小国的人到中国来，进贡了三个一模一样的金人，金碧辉煌，把皇帝高兴坏了。可是这小国的人不厚道，同时出了一道题目：这三个金人哪个最有价值？皇帝想了许多办法，请来珠宝匠检查，称重量，看做工，都是一模一样的。怎么办？使者还等着回去汇报呢。泱泱大国，不会连这个小问题都解决不了吧？最后，有一位退位的大臣说他有办法。

皇帝将使者请到大殿，老臣胸有成竹地拿着三根稻草，插入第一个金人的耳朵里，稻草从另一边耳朵出来了。第二个金人的稻草从嘴巴里直接掉了出来。而第三个金人，稻草进去后掉进了肚子，什么响动也没有。老臣说：第三个金人最有价值！使者默默无语，答案正确。

故事二：

小猫的倾听

播放故事的教学目的：听故事寻找倾听的小秘诀，充分激发学生参与的兴趣。

故事内容：

有一天，猫妈妈把小猫叫来，说："你已经长大了，三天之后就不能再喝妈妈的奶了，要自己去找东西吃。"小猫惊恐地问妈妈："妈妈，那我该吃什么东西呢？"

猫妈妈说："你要吃什么食物，妈妈一时也说不出来，就用我们祖先留下的方法吧，这几天你躲在屋顶上、梁柱间、箱笼里、陶罐边，仔细倾听人们的谈论，他们会教你的。"

第一天晚上，小猫躲在梁柱间偷听，一个大人对孩子说："小宝，把鱼和牛奶放在冰箱里，小猫最爱吃鱼和牛奶了。"

第二天晚上，小猫躲在陶罐边，听见一个女人对男人说："老公，把香肠、腊肉挂在梁上，小鸡关好，别让小猫偷吃了。"

第三天晚上，小猫躲在屋顶上，从窗户里看到一个妇人唠叨自己的孩子："奶酪、肉松、鱼吃剩了，也不收好，小猫的鼻子特别灵，明天你就没得吃了。"

就这样，小猫每天都非常开心。它回家告诉猫妈妈："妈妈，果然像您说的一样，只要我保持倾听，人们每天都会教我该吃些什么。"

靠听别人的谈话，学习生活的技能，小猫终于成为身体敏捷、肌肉强健的大猫。它后来有了孩子，也是这样教导孩子的。

三、"我是最佳小听众"记录表

"我是最佳小听众"记录表

内容	时间					说明
	周一	周二	周三	周四	周五	本表格每周一张，做到的请打"√"，做不到的请说明理由
1. 要看着对方的眼睛，不东张西望						
2. 要面带微笑，感受对方的喜怒哀乐						
3. 要专心致志，不做其他无关的事情						
4. 要让对方把话说完，不中途打断						

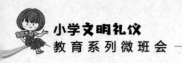
端端正正人更美

广州市番禺区市桥蚬涌俊贤小学　钟艳钗

【活动背景】

　　小学低年段学生由于年龄小，活泼好动，持久力弱，课堂上很少有学生能做到坚持端正坐好。我们常常发现有的学生趴在桌子上，有的斜靠在椅背上，更有的学生仰着头、跷着腿靠在椅背上。然而，正确的坐姿不仅是个人文明礼仪的表现，而且是个人和班级形象的展现。不良的坐姿还会直接影响到孩子的健康及体态，甚至给他们将来的生活和工作带来不利影响。因此，开展这节微班会活动课，让学生认识到不良坐姿的危害，自主纠正不良坐姿非常必要。

　　本次活动通过动画故事创设情境，从学生的生活实际入手，让学生在游戏、讨论互动等活动中感受到不良坐姿带来的危害，并学会纠正自己的不良坐姿，养成良好的坐姿。

【活动目标】

1. 知识与技能

通过活动，认识不良坐姿的危害，知道正确坐姿的具体要求。

2. 过程与方法

通过活动，学会正确的坐姿，在生活中调整自己不良的坐姿，逐步养成良好的坐姿。

3. 情感态度与价值观

通过活动，感受不良坐姿带来的严重后果，体会正确坐姿带来的快乐，树立端正坐姿的意识。

【活动对象】

小学低年段学生。

【活动形式】

看情境故事、讨论、游戏等。

【活动时间】

15分钟。

【活动准备】

下载情境故事视频和热身活动音乐，制作课堂教学PPT，制作板书图片。

【活动过程】

活动过程流程表

活动环节	活动过程		设计意图
	教师	学生（预设）	
小游戏引兴致	1. 组织学生热身活动："一二三木头人"。 2. 引导学生分享感受	1. 参与热身活动："一二三木头人"。 2. 分享活动感受	用小游戏吸引孩子的注意力，整理好课堂纪律，调动他们的学习兴致并引出活动主题
创情境议坐姿	1. 播放视频小故事。 2. 引导学生回答：小猴不会被选上的原因	1. 边看视频边思考：小猴为什么不会被选上？ 2. 谈谈自己的想法	利用动画情境故事引导学生思考，让他们体会到坐姿不端正是一种不文明的行为表现

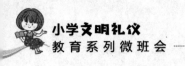

续表

活动环节	活动过程		设计意图
	教师	学生（预设）	
知危害学坐姿	1. 组织学生同桌讨论：不良的坐姿会对我们的身体造成什么影响？ 2. 引导学生回答。 3. 组织学生四人小组交流：怎样的坐姿才是正确的、有利于我们身体健康的？ 4. 利用视频引导学生学习正确的站姿与坐姿。 5. 组织小组代表回答。 6. 指导练习正确的坐姿	1. 同桌讨论：不良的坐姿会对我们的身体造成什么影响？ 2. 回答讨论结果。 3. 四人小组交流：怎样的坐姿才是正确的、有利于我们身体健康的？ 4. 利用视频引导学生学习正确的站姿与坐姿。 5. 小组代表回答交流结果。 6. 练习正确的坐姿	通过讨论，让学生明白不良坐姿对身体的危害和明确正确坐姿的要求，并通过视频的学习，知道正确坐姿的标准，最后通过练习，把所学运用到活动中
小总结学以用	1. 小结：端正坐姿的好处。 2. 组织学生再次玩游戏："一二三木头人"。 3. 引导学生争做"坐姿端正小标兵"	1. 再次玩游戏："一二三木头人"。 2. 争做"坐姿端正小标兵"	温故而知新，让学生把活动中学到的知识在游戏中再次巩固。通过课外延伸活动，关注学生的长远发展

 附

一、板书设计

端端正正人更美

头　　　正

肩　　　平

腰　　　直

脚　　　安

二、"一二三木头人"[1]热身游戏说明

"一二三木头人"热身游戏的目的是调动一年级小朋友参与活动的兴致，当音乐响起时，小朋友们就可以根据音乐的节奏自由舞动起来；当音乐停止时，小朋友们就要马上回到座位坐端正。教师通过对孩子们活动效果的评价顺利引出主题活动内容。

三、"一二三木头人" 2 结束活动游戏说明

活动结束前，我们再次玩"一二三木头人"的游戏。此时，游戏的目的和要求与活动开始时的热身游戏不同。这时，游戏的目的是让小朋友把在班会活动过程中学到的有关正确坐姿的知识运用到实际生活中，让大家通过前后对比，检视这节课的收获。

四、视频小故事 1

快放暑假了，森林教育局和草原教育局决定在暑假里联合组织一次优秀小学生的夏令营活动。

今天上午，它们来到动物小学挑选对象。嘟拉和小猴及其他几位优秀学生都去参加选拔了。在等待的过程中，绝大多数学生规规矩矩地坐着，唯独小猴坐得歪七扭八，左腿还搭在桌子上。（视频故事源自腾讯视频）

五、视频小故事 2

嘟拉对小猴说："小猴，你这样的坐姿要是让面试老师看到，肯定会对你印象不好的。"小猴很不屑地说："面试是说话，又不是看坐姿。"嘟拉严肃地说："你错了，我妈妈说面试不只是说话，印象、仪态同样很重要。昨天，它特地给我上了一堂面试礼仪课。我们在走进去时，要稳重、自然地走；在站立时，要像松树一样站得笔直，尽量避免歪脖、斜腰、屈腿的情况。全身不够端正，双脚叉开过大，双脚随意乱动、自由散漫的姿势都会给人留下轻浮、缺乏教养的印象。进去以后，如果要我们坐下，我们就应该走到座位前，先转身，把脚往后撤半步，轻稳坐下，然后双脚并齐，上半身要自然挺直，头端正，面容自然亲切，两肩平正放松，两臂自然弯曲放在膝盖上，也可以放在椅子或沙发扶手上，掌心向下，这样给人的感觉才会稳重大方。面试完起立的时候，要右脚先后收半步然后站起来。"听完嘟拉说的这些话，小猴有所领悟，立马收回搭在桌子上的脚，摆好坐姿，像视死如归的小战士一样。（视频故事源自腾讯视频）

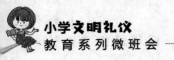

六、"我是坐姿端正小标兵"登记表

<h2 style="text-align:center">"我是坐姿端正小标兵"登记表</h2>

	听课坐姿端正	写字坐姿端正	看书坐姿端正	看电视坐姿端正
自我评价				
家长评价				
教师评价				

规范握笔我先行

广州市番禺区石楼镇中心小学　黄静雯

【活动背景】

《中小学文明礼仪教育指导纲要》指出，小学生要保持正确的读书、写字姿势。写字是小学生的一项重要基本功，对提高小学生的文化素养起着重要的作用。小学低年段学生基本掌握了握笔的方法，但规范意识较弱，加之手小，力气不足，写字时往往会图省力而出现各种不正确的握笔姿势。不当的握笔姿势不仅会导致书写质量下降，还影响学生的视力和骨骼生长发育。因此，规范学生的握笔姿势十分必要，也是十分迫切的。

【活动目标】

1. 知识与技能

通过辨一辨、看一看等活动，知道正确握笔的重要性，懂得规范书写姿势有助于书写能力的提高。

2. 过程与方法

通过做握笔操、小练笔、习惯养成记录等活动，让学生学会正确、规范的握笔姿势，并在学习中检查和纠正自己的握笔姿势，坚持用规范的姿势写字。

3. 情感态度与价值观

通过观看小品、讨论等方式，感受不良握笔姿势对身体造成的危害，树立正确的握笔观念。

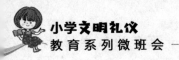
【活动对象】

小学低年段学生。

【活动形式】

观看小品、小组学习、做手指操、小练笔。

【活动时间】

15分钟。

【活动准备】

课件、习惯养成记录表。

【活动过程】

活动过程流程表

活动环节	教师活动	学生活动	设计意图
热身游戏	1. 组织学生玩手指游戏"指转转"。 2. 引导学生分享玩游戏的感受	1. 学生玩手指游戏"指转转"。 2. 学生分享玩游戏的感受	手指转转，不仅活动了学生的小手指，还活跃了课堂氛围，为教学做铺垫
不规范有烦恼	1. 组织学生观看小品《写字有烦恼》。 2. 引导学生思考主人公烦恼的原因	1. 观看小品《写字有烦恼》。 2. 谈主人公烦恼的原因	小品取材真实，反映学生平常写字时较常遇到的苦恼，贴近学生实际，引发学生共鸣，激发学习兴趣
不规范有危害	1. 引导学生联系实际，组织学生讨论握笔不规范的危害。 2. 组织学生展示研讨成果	1. 学生联系自身实际，小组讨论不规范握笔姿势的危害。 2. 小组同学汇报讨论结果	学生小组合作，讨论握笔不规范的危害，在讨论中明晰危害，唤起学生规范握笔的意识

续 表

活动环节	教师活动	学生活动	设计意图
规范握笔我能行	1. 组织学生判断不同握笔姿势的正误。 2. 组织学生观看握笔手指操视频，引导学生观察握笔时三指的姿势。 3. 组织学生说一说正确握笔时三指的姿势要诀。 4. 组织学生观看并跟做手指操。 5. 组织学生用正确的握姿书写"正"字	1. 学生判断握笔姿势的正误。 2. 学生一边观看握笔手指操，一边观察三指在铅笔的具体位置。 3. 学生谈正确握笔时，手指、铅笔的具体放置要点。 4. 学生跟做手指操，规范握姿。 5. 学生坐姿握姿准备，在田字格中书写"正"字	让学生判断握笔姿势的正误，旨在让学生明确正确的握笔姿势。通过观察、说一说、握一握、写一写等活动，激发学生规范握笔的主动性，掌握规范握笔的方法
正确握笔养成记	1. 向学生介绍习惯养成记录表。 2. 组织学生谈本节课的收获，教师小结	1. 学生在家规范书写，在父母的监督和协助下完成记录表。 2. 学生谈收获，并践行正确的握姿	促行延伸，让学生把这节课学到的握笔要诀运用到平常的写字中，化要诀为规范书写的行动

 附

一、板书设计

规范握笔　我先行

拇指食指捏笔杆
中指贴在笔下边
笔尖离手一寸远
笔杆靠在虎口边

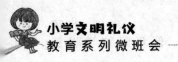
二、热身游戏——指转转

指转转

一根手指转转转，变成牙刷，刷刷刷。

两根手指转转转，变成白兔，跳跳跳。

三根手指转转转，变成叉子，叉一叉。

四根手指转转转，变成花猫，喵喵喵。

五根手指转转转，变成老虎，啊呜叫。

三、小品

写字有烦恼

写字时，我总有烦恼，我每次写字总是写得很慢，写完后手还很酸疼，书写作业总不能拿到老师的表扬小印章。我渐渐变得不喜欢写字了。

四、21天正确握笔习惯养成记录表

21天正确握笔习惯养成记录表

( )月 好习惯养成人:							
握笔姿势	每日记录（规范握笔得一颗★）						每周握笔情况小结
规范	1	2	3	4	5	6	7
规范	8	9	10	11	12	13	14
规范	15	16	17	18	19	20	21
握笔情况总结							

中篇

中年段
教学设计

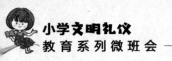
孝敬父母，从心开始

广州市番禺区市桥中心小学　陈淑金

【活动背景】

孝敬父母是我们中华民族千百年的传统美德，尊敬父母是每个人应有的道德准则。教育同学们孝敬父母，感恩父母，让他们知道父母给予我们的爱是最伟大、最无私的，是德育的重要内容之一。本节微班会将结合小学中年段学生的身心特点，通过创设情境、观看视频、讲故事、吟唱歌曲等多元化的活动形式，让学生知道孝敬父母是我们中华民族的传统美德，帮助学生理解父母的心意，接受父母的教育，关心父母的健康，让学生拿出实际行动去孝敬父母，为父母做些实事，把中华民族的传统美德传承下去，成为一名孝敬父母的暖心小宝贝。

【活动目标】

1. 知识与技能

通过观看视频、讨论等活动，让学生知道孝敬父母是我们中华民族的传统美德，懂得孝敬父母就要付诸行动。

2. 过程与方法

通过漫画故事、情景表演等方式，学会理解父母、关心父母和孝敬父母，为父母做些力所能及的事情。

3. 情感态度与价值观

从视频、故事、歌曲中了解父母的爱，感受父母之情，激发学生孝敬父母的情感，培养从小孝敬父母的好习惯。

【活动对象】

小学中年段学生。

【活动形式】

观看视频、小组学习、讲故事、情景表演、齐唱歌曲。

【活动时间】

15分钟。

【活动准备】

《扇枕温衾》视频、《乌鸦反哺》漫画、《放学后》情景表演、《念亲恩》音乐、制作课件。

【活动过程】

活动过程流程表

活动环节	教师活动	学生活动	设计意图
激趣导入（引出主题）	1. 播放《扇枕温衾》视频，思考：视频中的孝子小黄香为父亲做了哪些事情？哪里最让你感动？ 2. 引导学生谈感受。 3. 小结：孝敬父母是我们中华民族千百年的传统美德。 4. 出示主题	1. 观看《扇枕温衾》视频。 2. 结合视频谈自己的感受：视频中的孝子小黄香为父亲做了哪些事情？哪里最让你感动	通过学生最喜观看的动画视频导入，激发学生学习兴趣，引导学生谈感受，引发共鸣。让学生知道孝敬父母是我们中华民族千百年的传统美德，是发自内心的行为，自然地引出主题

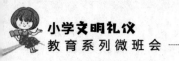
活动环节	教师活动	学生活动	设计意图
故事明理（激发情感）	1. 出示《乌鸦反哺》漫画故事。 2. 组织小组讨论谈体会。 3. 小结	1. 观看漫画《乌鸦反哺》。 2. 学生畅谈体会	采用看漫画、小组合作探讨等形式，借用具体情境，引发学生对小乌鸦的反哺行为的思考，体会孝敬父母之情
生活导行（指导行为）	1. 引导学生思考，提问导行：小乌鸦尚且知道找食物给父母吃，表达自己对父母的孝敬。那我们又该如何孝敬父母呢？ 2. 组织学生进行情景剧表演《放学后》。 3. 引导学生谈体会，重点引导学生指出情景剧中不当的行为。 4. 让学生谈谈自己在日常生活中是怎样孝敬父母的。 5. 小结	1. 思考：小乌鸦尚且知道找食物给父母吃，表达自己对父母的孝敬。那我们又该如何孝敬父母呢？ 2. 参与排练表演情景剧《放学后》。 3. 观看情景剧，并谈观后的感受。 4. 谈谈自己打算怎样孝敬父母	通过提问导行，引起学生设身处地地深入思考；情景表演，引导学生把孝敬父母的思想认识转化为行为实践，从而指导他们今后的生活和行为，把思想教育具体化
总结延伸（运用践行）	1. 引导学生谈收获与体会。 2. 播放音乐，组织学生唱《念亲恩》。 3. 提出开展"孝敬父母做暖心小宝贝"评选活动，并讲清楚相关要求	1. 谈本次活动的收获与体会。 2. 齐唱《念亲恩》。 3. 了解"孝敬父母做暖心小宝贝"评选活动的要求	通过教师总结点拨，引导学生谈感受与体会后，合唱歌曲的情境渲染，进一步升华主题。提出开展"孝敬父母做暖心小宝贝"活动，旨在运用到日常生活中，引导学生做一个真正孝敬父母的人，发挥主题教育的延续性

附

一、板书设计

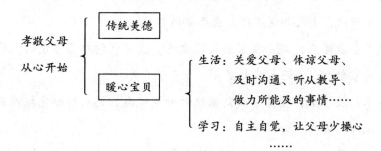

二、《扇枕温衾》视频大意

汉朝时，孝子黄香的母亲早逝，他知书达理，在炎热的夏天，他用扇子扇凉席子再让父亲睡，冬天则先钻进被窝温热被子再让父亲睡。

三、《乌鸦反哺》漫画故事内容

乌鸦反哺

在一棵大树上，乌鸦妈妈生下了几个蛋，在乌鸦妈妈的照顾下，小乌鸦们一个个破壳而出。为了让小乌鸦健康长大，乌鸦爸爸和乌鸦妈妈到处捉虫给小乌鸦吃。终于有一天，小乌鸦们展开翅膀，飞上了天空，乌鸦爸爸和乌鸦妈妈很高兴。小乌鸦整天在外面玩，累了就飞回家吃小虫子，日子过得很快活。

一天，小乌鸦们回到家，看见爸爸妈妈疲惫地躺在巢里，小乌鸦们奇怪地问："爸爸妈妈，你们怎么了？"乌鸦妈妈含泪说道："孩子们，我们飞不动了，不能给你们捉虫子吃了。"小乌鸦们懂事地说："我们不会扔下你们不管的，我们去找虫子给你们吃！"说完，小乌鸦们就出去找虫子了。不一会儿，它们就带着各种虫子飞了回来，喂爸爸妈妈。看着聪明懂事的小乌鸦们，乌鸦爸爸和乌鸦妈妈露出了幸福的笑容。这个故事告诉我们：要孝敬父母，因为父母赋予我们生命，哺育我们成长，教会我们做人的道理。

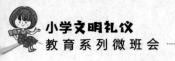
四、情景表演

放学后

情境一：放学后，妈妈在厨房做饭。小文在做作业。爸爸下班回来，妈妈叫小文帮忙开门，小文却说不行，自己要做作业。

情境二：放学后，晓东在家里找零食吃，没有找到自己喜欢的，就抱怨父母给他买的零食太少，还大吵大闹。

情境三：放学后，萱萱一回到家就打开电视看，妈妈叫她先把作业做完再看电视，她却不听。

五、"孝敬父母做暖心小宝贝"记录表

"孝敬父母做暖心小宝贝"记录表

时间	事情	父母的感受	自己的感受、收获

知孝学礼

广州市番禺区市桥中心小学　黄焕兴

【活动背景】

孝道是中国传统社会十分重要的道德规范，也是中华民族尊奉的传统美德。"百善孝为先"，孝道文化是中国传统文化的基本。为此，班主任对学生进行孝敬父母、尊敬老人的教育是时代的要求，也是传承和发扬中华优秀传统美德的体现。如今的家庭，家长都对孩子百般呵护，有的孩子却不会站在父母的角度去考虑问题，不太懂得体谅父母生活的艰辛与劳累，也不太会关心和孝敬父母。在这样的背景下，知孝学礼的文明礼仪教育便显得尤为迫切。本节微班会以父母的爱为切入点，让学生从爱中懂得感恩父母，学会孝敬父母的礼仪，并内化为思想，外化为行动。

【活动目标】

1. 知识与技能

通过形式多样的活动，了解父母之爱，理解父母的良苦用心，懂得孝敬父母是中华民族的传统美德。

2. 过程与方法

通过小组交流合作、辨析行为等活动，学习孝敬父母的礼仪，学会体谅关心父母，与父母和谐相处。

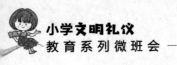

3. 情感态度与价值观

通过活动，感受父母的关爱之情，体验亲情的无私和伟大，激发以实际行动回报父母的情感。

【活动对象】

小学中年段学生。

【活动形式】

小组学习、小品、朗诵。

【活动时间】

15分钟。

【活动准备】

制作课件、准备音乐、视频。

【活动过程】

活动过程流程表

活动环节	教师活动	学生活动	设计意图
知孝道懂感恩（情感导入，引发思考）	1. 出示篆书"孝"字和一张解说"孝"字的图片，让学生猜一猜：这是什么字？ 2. 引导学生对照图片与古文字，猜"孝"的意思。 3. 组织学生看《父母的爱》视频。 4. 引导学生谈观后感	1. 看篆书"孝"字和一张解说"孝"字的图片，猜一猜：这是什么字？ 2. 对照图片与古文字，猜"孝"的意思。 3. 看《父母的爱》视频。 4. 谈谈观后感	以猜一猜的形式导入，激发学生学习兴趣。通过看图解字，理解"孝"的本义，让学生明白"孝"是中国传统伦理道德最基本的内容，也是中国的传统美德。接着，再通过视频，让学生感受父母伟大的爱，引发情感共鸣，体会父母的爱

活动环节	教师活动	学生活动	设计意图
说孝事析生活（学习榜样，指导行为）	1．组织学生观看《2011感动中国"孝女当家——孟佩杰"》。 2.引导学生谈感受。 3.组织学生辨析情境，巧解孝敬误区。（见附件） 4.小结孝敬父母的好做法	1.观看《2011感动中国"孝女当家——孟佩杰"》。 2.谈感受。 3.辨析情境，巧解孝敬误区（见附件）	采用看视频的形式，让学生明白孝敬父母是在生活的点滴中，并学习孝敬父母的做法。通过小品和分析生活中的情境等，探讨孝敬父母的具体做法。这一环节借用具体的生活情境，激发学生探究精神，提高学生分析问题的能力和认知能力
思己行知礼仪（回归生活，探究方法）	1.组织学生完成《知"孝"学礼》主题班会调查问卷。 2.引导学生小组交流问卷情况，并说说在生活中准备如何孝敬父母。 3.与学生合作写"孝敬父母新三字经"。 4.引导学生展示，共同修改"孝敬父母新三字经"	1.完成《知"孝"学礼》主题班会调查问卷。 2.小组交流问卷情况，并说说在生活中准备如何孝敬父母。 3.与老师合作写"孝敬父母新三字经"。 4.展示，共同修改"孝敬父母新三字经"	利用问卷，学生静静地思考自己在生活中与父母相处时的行为，反思自己的行为。学生既能探讨如何分析问题，又能把思想上的认识转化为行为实践，从而指导自己今后的生活和行为选择。最后将孝敬礼仪创编成"新三字经"，学生更乐于接受并记住，内化为思想，指导自己的生活行为
践孝行我做到（情感升华，课外延伸）	1.引导学生谈收获。 2.组织学生听有关孝敬的歌曲《孝敬父母》。 3.指导"尊老孝亲之星"评选活动	1.谈谈本次活动的收获与体会。 2.唱歌曲《孝敬父母》。 3.了解"尊老孝亲之星"评选活动，积极参与	践行认知，才能更好地实行知行合一。课的最后，学生谈体会，并在歌曲中升华情感。以此为契机，开展课外拓展活动，让学生将课堂延伸到生活中，发挥主题教育的延续性，才是更有效的教育

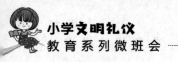
 附

一、板书设计

知孝学礼

自己事，自己做；家务事，学着担；

事虽小，孝心显；对父母，有礼貌；

不任性，不撒娇；父母学，不打扰；

有美食，先父母；父母病，要关心；

勤学习，好品行；父母乐，己高兴。

二、教学资源说明

图文解字"孝"

"孝"是古代封建社会所崇奉的道德标准之一，就是称善于侍奉父母为"孝"。古文字的"孝"字，上部是一个弯腰驼背白发飘飘的老人形，下边的"子"表示小孩搀扶老人的意思，敬重老人，帮助老人，这正是孝道的具体表现之一。"孝"又指居丧，即在尊长死后，一定时期内要遵守一定的礼俗。孝会意，形声字。上为"老"，下为"子"，上一代与下一代融为一体，子承老形，意为子能成其亲，并能顺其意，故其本义作"善事父母者"，谓之为"孝"。

视频《父母的爱》

当你还很小的时候，他们花了很多时间，教你用勺子、用筷子吃东西；教你穿衣服，绑鞋带，系扣子；教你洗脸，梳头发；教你擦鼻涕，擦屁股；教你做人的道理……你是否还记得你们练习了很久才学会的第一首儿歌？你是否记得经常逼问他们，你是从哪里来的？所以，当他们有一天变老时，等他们想不起来、接不上话时，当他们啰唆重复一些老掉牙的故事时，请你……

有关父母的爱名言：

十月胎恩重，三生报答轻。

——《孝经》

孝，天之经，地之义，民之行。

——《劝孝歌》

母爱是一种巨大的火焰。

——罗曼·罗兰

母亲是唯一能使死神屈服的力量。

——高尔基

游子吟

慈母手中线，游子身上衣。

临行密密缝，意恐迟迟归。

谁言寸草心，报得三春晖。

故事：

2011感动中国"孝女当家——孟佩杰"

孟佩杰生长于农村，5岁生父因车祸去世。生母因生活所迫，将她送给隰（xí）县老干部局职工刘芳英收养。1998年，养母刘芳英患上椎管狭窄症瘫痪在床。养父无法忍受困境悄然离家出走。从那时起，年仅8岁的孟佩杰便开始担起照顾瘫痪养母的重担，用孝心和毅力支撑起了这个风雨飘摇的家。

2007年，孟佩杰初中毕业，养母的病情却开始恶化，完全丧失了自理能力。为就近照顾养母，孟佩杰主动选择在临汾学院隰县基础部学习。

2009年，按照学校的安排，孟佩杰在隰县基础部上完两年后要去临汾上学。她毅然决定：带上养母去上学！她在离学校最近的地方租了房屋，并向学校申请了走读，利用一切课余时间，克服了同龄人难以想象的困难，不离不弃地悉心照料养母。

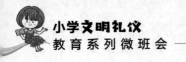

巧解孝敬误区

（1）小明成绩优秀，父母对他的期望很高，他对自己的学习要求也很高，每天一回家就马上学习。一次，学校开展孝敬父母的活动，学生在家要帮助父母承担一些力所能及的家务劳动。小明却说："学习成绩优秀就是孝敬父母，其他都是多余的。"

对于小明的说法，你同意吗？你有什么看法呢？（引导学生：不懂得孝顺长辈做人的基本道理，学习成绩再优秀也不行。）

（2）小静在学校里是个活泼开朗的女孩子，可回到家却不愿和父母讲在学校的事，有什么心事也不愿和父母讲。问她为什么，她说："父母就会唠叨，他们不理解我，也不懂得我们孩子的想法。"

你也有这样的想法吗？你是怎么看待这种情况的？（引导学生：与父母之间要多沟通，同时也要多理解对方，才能产生和谐的关系，家庭才能更美好。）

（3）在课堂上，老师指出现在社会上一些不赡养父母的错误行为。小刚说："等我工作后，每月都给父母生活费就行了。"只是每月给父母生活费就是孝敬父母吗？（引导学生：孝敬父母，不但要很好地承担对父母应尽的赡养义务，而且要尽心尽力满足父母在精神生活、情感方面的需求。特别对年迈的父母，更要精心照顾，耐心安慰，在精神上让父母感受到子女的爱更为重要。）

三、"知孝学礼"主题班会课调查问卷

1. 在家里，你是否会主动帮忙做家务？（　　　　）

A. 是　　　　　　　　　　　　　B. 从来都没有

C. 偶尔　　　　　　　　　　　　D. 长辈有要求时才做

2. 你的房间是否自己整理？（　　　　）

A. 是　　　　　　　　　　　　　B. 父母（长辈）整理

C. 偶尔

3. 换洗的衣服会自己晾吗？（　　　　）

A. 是　　　　　　　　　　　　　B. 父母（长辈）做

C. 偶尔

4. 每餐吃饭时是否都能帮着大人端菜、端饭？（　　　）

A. 每餐都能坚持　　　　　　　　　B. 从来没有

C. 经常　　　　　　　　　　　　　D. 很少

5. 每餐吃完饭后帮忙收拾碗筷？（　　　）

A. 每餐都能坚持　　　　　　　　　B. 从来没有

C. 经常　　　　　　　　　　　　　D. 很少

6. 近期，是否向父母（长辈）发过脾气、顶嘴？（　　　）有＿＿＿＿次。

A. 从来没有　　　　　　　　　　　B. 经常

C. 偶尔

7. 近期，你有给父母倒水（冲茶）喝吗？（　　　）有＿＿＿＿次。

A. 没有　　　　　　　　　　　　　B. 经常

C. 偶尔

8. 近期，你有帮忙拖地板吗？（　　　）有＿＿＿＿次。

A. 没有　　　　　　　　　　　　　B. 经常

C. 偶尔

9. 近期，你有帮忙洗菜吗？（　　　）有＿＿＿＿次。

A. 没有　　　　　　　　　　　　　B. 经常

C. 偶尔

10. 近期，你有帮忙做饭、炒菜吗？（　　　）有＿＿＿＿次。

A. 没有　　　　　　　　　　　　　B. 经常

C. 偶尔

11. 近期，你有帮忙带弟弟妹妹吗？（　　　）有＿＿＿＿次。

A. 没有　　　　　　　　　　　　　B. 经常

C. 偶尔

12. 你觉得你是一个孝敬父母的孩子吗？做个自我评价（　　　）。

A. 优　　　　　B. 良　　　　　C. 中

D. 基本及格　　E. 不及格

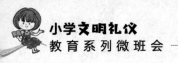
13. 你心里最想和父母说的一句话是什么?

四、"尊老孝亲之星"记录表

"尊老孝亲之星"记录表

时间	事情	父母（长辈）感受	我的感受

争做尊师好学生

广州市番禺区市桥锦庭小学　杜丽兼

【活动背景】

孔子说："不学礼，无以立。"荀子云："人无礼则不生，事无礼则不成，国无礼则不宁。"礼仪是人类为维系社会正常生活而要求人们共同遵守的最起码的道德规范，它是人们在长期共同生活和相互交往中逐渐形成的，并以风俗、习惯和传统等方式固定下来。对一个人来说，礼仪是一个人的思想道德水平、文化修养、交际能力的外在表现；对一个社会来说，礼仪是一个国家社会文明程度、道德风尚和生活习惯的反映。重视、开展礼仪教育已成为道德实践的一个重要内容。

尊师重教自古以来就是中华民族的传统美德，"善之本在教，教之本在师"。尊敬老师是师生和谐相处的基本前提。教育部《中小学文明礼仪教育指导纲要》也明确了"尊敬老师，尊重老师的劳动"是一到三年级小学生文明礼仪教育的内容之一。校园礼仪，尊师先行。帮助孩子养成尊师明礼的好习惯，需要老师和家长的正确引导。

【活动目标】

1. 认知与技能

通过活动，了解我国素有"尊师重教"的传统，明白尊重老师的意义，感知养成良好文明习惯的重要性。

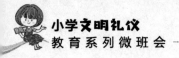
2. 过程与方法

通过活动，学习尊敬老师的基本礼仪，自觉地把尊敬老师落实在行动上。

3. 情感态度与价值观

通过活动，感受到老师的辛勤付出，激发学生对老师的热爱之情，更体贴老师，更尊敬老师。

【活动对象】

小学中年段学生。

【活动形式】

谈话式、讨论式、体验式。

【活动时间】

15分钟。

【活动准备】

学生准备：校园小记者拍摄教师辛劳工作的画面。

教师准备：多媒体设备、图片、视频等素材。

【活动过程】

活动过程流程表

活动环节	教师活动	学生活动	设计意图
引题	1. 组织学生参加选字谜游戏说明： ① 两点十分来游园。谜底：尊。 ② 元帅一生好读诗。谜底：师。 ③ 电视终日看不见。谜底：礼。 ④ 仁义相交无二样。谜底：仪。 2. 引入课题，板书课题	1. 参与游戏。 2. 齐读课题	这一环节的设计旨在为学生营造轻松、愉悦的活动氛围，让其亲身体验字谜游戏带来的快乐，顺势引入课题

续 表

活动环节	教师活动	学生活动	设计意图
知礼	1.播放校园小记者拍摄的教师辛劳工作的画面。 2.引导理解教师为教育事业的无私奉献。 3.播放尊师礼仪故事短视频： ①《程门立雪》。 ②《朱德给老师让座》。 4.引导理解学习尊师礼仪的意义	1.观看图片，感知教师工作的辛劳。 2.观看故事视频，感知"尊师"传统美德。 3.理解学习尊师礼仪的意义	通过图片、故事视频等视听与情感结合的形式，让学生感知教师工作的辛劳，萌生尊师爱师之情，了解我国尊师重教的传统美德，理解学习尊师礼仪的意义，树立尊师意识
学礼	1.播放尊师礼仪知识情景图组。（图文并茂注释）判断师生交往行为的对错（"×"或"√"） ①行为文明有礼的，借鉴学习。 ②行为有错的，请学生代表即兴表演情景剧，做尊师礼仪正确示范。 2.分享"尊师礼仪三字童谣"。 3.小结	1.观看情景图，学习尊师礼仪知识。 2.参与活动，明尊师礼仪。 3.读童谣	通过视听、情境体验与生活实践相联系，让学生知情意行，尊师明礼；"尊师礼仪三字童谣"短小、朗朗上口、简单易记，有助于学生掌握尊师礼仪知识
用礼	1.引导学生谈收获。 2.介绍"尊师明礼中国娃"好习惯养成卡。 3.推荐课外阅读：《感恩尊师》《礼仪常识》。 4.与学生一起唱歌曲：《每当我走过老师的窗前》	1.谈收获。 2.了解阅读好习惯养成卡的使用方法。 3.记录老师推荐阅读书目。 4.齐唱歌曲	通过活动延伸，引导学生学以致用，在日常师生交往中弘扬尊师重教的传统美德，争当"尊师明礼中国娃"，形成彬彬有礼在校园的好风尚。发挥主题教育的延续性，才是更有效的教育

 附

一、板书设计

争做尊师好学生

尊师礼仪

知礼→学礼→用礼

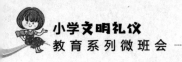

二、尊师礼仪知识

（1）尊敬老师，不当面或背后直接叫老师的名字。

（2）见到老师（包括来校参观学习的客人老师）主动问好，遇见两个以上的老师，问"老师们好"；分别时说"再见"。

（3）进办公室要喊"报告"，听到"请进"后方可进入；此外，上课铃响后，老师已经在教室，进入前也要喊"报告"，允许后才能进入。

（4）在老师办公室，不随便翻阅老师的东西，不大声讲话。

（5）与老师交谈时，要起立并主动给老师让座，谦逊有礼。

（6）老师在办事或与别人交谈时，不可随意打扰老师，躬身站立一侧，等老师办完事或谈完话后再找老师。

（7）作业是巩固知识的主要途径，只有独立完成，才能真正有收获。

（8）课堂上，要认真听讲，积极参与，以文明、主动的学习状态尊重老师的辛勤劳动。

（9）虚心听取老师的教诲，接受师长的教育，指出老师的错处要有礼貌。

（10）听从老师的管理和安排，不顶撞老师。

三、尊师礼仪三字童谣

晨风吹，阳光照；好学生，尊师礼。

教师名，不直呼；遇老师，要问好。

办公室，喊报告；不翻阅，勿喧闹。

与师谈，要谦恭；见师忙，不打扰。

写作业，贵独立；课堂上，善听讲。

学知识，遵教导；听管教，不顶撞。

懂体恤，会分担；要诚实，不说谎。

爱学习，讲礼仪；习惯好，最重要。

四、判断师生交往行为的对错（"×"或"√"）

（1）小陈知道上课应该专心听讲，这是尊敬老师的表现。可是一上课，他就管不住自己。（　　　）

（2）每次作业本发下来后，小翔总是仔细看老师给自己的批语，并认真改

正。（　　）

（3）小卢已经上大学了，每年的教师节，她都要去看望自己小学、中学的老师，因为她感到老师的教育对她的成长起了很大的作用。（　　）

（4）小周每次见到教自己的老师，都热情地打招呼；可对不教自己的老师有时就做不到了。（　　）

（5）小钟经常到父母的快餐店里帮忙，以致影响了学习。一天，他在课堂上睡觉，受到了老师的严厉批评，并让他请家长。小钟很不服气，顶撞了老师。（　　）

五、"尊师明礼中国娃"好习惯养成卡

日期	教师名，不直呼；遇老师，要问好。	办公室，喊报告；不翻阅，勿喧闹。	与师谈，要谦恭；见师忙，不打扰。	写作业，贵独立；课堂上，善听讲。	学知识，遵教导；听管教，不顶撞。	懂体恤，会分担；要诚实，不说谎。
月　日	☆	☆	☆	☆	☆	☆
月　日						
月　日						

"尊师明礼中国娃" 好习惯养成卡

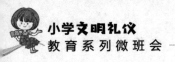
互帮互助，快乐你我

广州市番禺市桥中心小学　翁依拉

【活动背景】

教育部2010年12月印发的《中小学文明礼仪教育指导纲要》要求开展文明礼仪教育，提高学生的思想道德与文明素养，并引导学生在生活中不断体验与感悟，做到同学之间互相关心、互相帮助、友好相处。小学中年段的学生在与同伴交往中，已经初步具有了互帮互助的意识，但体验不够深刻，缺乏互相帮助的技巧与方法。因此，让学生学会如何互帮互助，是教会他们文明生活、幸福成长的关键。

【活动目标】

1. 知识与技能

在形式多样的活动中，让学生了解互帮互助的重要性，懂得在生活中如何帮助别人，收获快乐。

2. 过程与方法

学生在生活情境中，学会互帮互助的方法与技巧，能在别人有困难的时候，用正确、恰当的方式力所能及地帮助他人。

3. 情感态度与价值观

通过活动，引导学生感受互帮互助带来的快乐，激发他们互帮互助、快乐大家的强烈愿望，形成乐于助人的良好品质。

【活动对象】

小学中年段学生。

【活动形式】

谈话式、体验式。

【活动时间】

15分钟。

【活动准备】

课件、视频。

【活动过程】

活动过程流程表

活动环节	教师活动	学生活动	设计意图
观看视频 激兴趣	1.组织学生观看视频《手太短的鳄鱼》，引发思考：视频里说了一件什么事？它们的心情如何？ 2.引导汇报分享	1.观看视频《手太短的鳄鱼》，思考：视频里说了一件什么事？它们的心情如何？ 2.汇报分享	趣味视频导入，激发学生学习兴趣。通过体验小鳄鱼的心情，初步感受生活中互帮互助带来的快乐
故事分享 启心灵	1.引导学生思考：生活中，你有哪些互帮互助的经历？ 2.引导学生分享互帮互助的经验及方法	1.思考：生活中，你有哪些互帮互助的经历？ 2.分享互帮互助的经验，总结方法	通过分享互帮互助的经历，学习帮助他人的方法，明白生活中相互帮助能收获友谊、收获快乐，激发他们乐于助人的强烈愿望
情境设计 导言行	1.引导学生思考：如何帮助"情境一"中的明明和亮亮？	1.思考：如何帮助"情境一"中的明明和亮亮？	借用生活小情境，激发学生运用学过的互帮互助小技巧来帮助他人

续 表

活动环节	教师活动	学生活动	设计意图
情境设计 导言行	2. 组织学生讨论：如何帮助其余"情境"中的小朋友？ 3. 引导汇报分享	2. 讨论：如何帮助其余"情境"中的小朋友？ 3. 汇报分享	解决困难，培养学生互帮互助的美好品质
畅谈收获 后延伸	1. 引导学生分享：本节课你有什么收获？ 2. 出示"互助成长表"，教师小结延伸	1. 汇报分享收获。 2. 了解"互助成长表"的使用方法	通过分享、总结，引导学生把互帮互助的方法延伸到更具体的生活中，活学活用

 附

一、板书设计

互帮互助，快乐你我

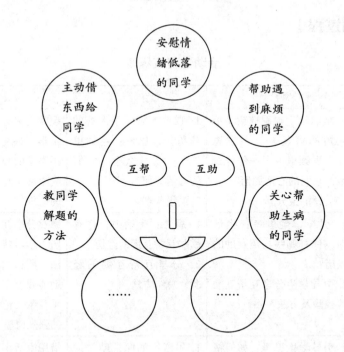

二、故事《明明和亮亮》

明明和亮亮

明明和亮亮是同桌。有一次，明明忘记带本子了，他焦急地说道："哎呀，我忘记带新本子了！""我有！我有！我有两个新本子，可以送你一本。"亮亮马上从书包里掏出新本子，送给了明明。他们俩都很高兴。

有一天下午，亮亮没有带练字的钢笔，他急得像热锅上的蚂蚁。突然，他看见明明的笔袋里有两支钢笔，他开心地对明明说："明明，我今天忘记带钢笔了，你能不能借我一支？"谁知，明明理直气壮地说："不行！"

"为什么？你不是有两支吗？"亮亮疑惑地问。

"这是我妈妈给我买的，我不想借给别人。"

"我平时也借东西给你，也送你本子，你借我一下嘛。"

可是不管亮亮怎么说，明明依旧说："不借！"亮亮越想越生气，伸手去拿明明的笔，明明却紧紧地拽住，就这样，两人一拉一扯，最后在课堂上打起来了……

三、互助成长表

互助成长表

时间	我帮助了……	谁帮助了我
星期一		
星期二		
星期三		
星期四		
星期五		

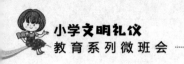
互尊重，一家亲

广州市番禺区市桥中心小学　赖桂萍

【活动背景】

中国是一个拥有56个民族的多民族国家，各民族在中华人民共和国成立后和平相处。随着我国经济的飞速发展，老百姓的生活也越来越好，外出旅行的机会增多，也常常会因为文化差异在旅途中闹出笑话。

小学中年段学生的民族意识、国家意识日益增强，排他性也开始增强。孩子是国家未来的栋梁，因此，通过班会使孩子们知道各民族、各国家之间存在文化差异，教育孩子们学会尊重民族之间、国家之间的差异，在遇到矛盾时能秉持"求同存异"的原则和平共处，做讲文明懂礼仪的现代人是非常必要的。

【活动目标】

1. 知识与技能

通过活动，知道民族文化会因地理、历史发展等原因存在差异，学会与不同民族的人和平相处。

2. 过程与方法

通过活动，学会理解民族差异，掌握与各民族人民和平共处的方式方法。

3. 情感态度与价值观

通过活动，感受尊重是平等交流的前提，树立与各民族人民和平共处的理念，增强求同存异、热爱和平的意识。

【活动对象】

小学中年段学生。

【活动形式】

谈话、小组合作探究、活动体验。

【活动时间】

15分钟。

【活动准备】

故事、情境设计、PPT课件。

【活动过程】

活动过程流程表

活动环节	教师活动	学生活动	设计意图
故事之中知差异	1. 讲述《小明的烦恼》。 2. 引导学生思考：如果自己是小明，会怎么做？	1. 听故事。 2. 思考、分享自己的真实感受	导入身边的真实故事，激发学生学习兴趣；让学生明白民族之间、国家之间的文化是存在差异的，要学会理解
视频之中学尊重	1. 播放视频《周总理参加泼水节》。 2. 引导学生思考：周总理是如何与傣族人民和平相处，甚至融入他们的	1. 观看视频。 2. 思考、分享：周总理为什么能与傣族人民和平相处	通过《周总理参加泼水节》这个视频引发学生思考，让学生向伟人学习与不同民族的人民和平相处之道在于尊重
情景模拟会尊重	1. 提供真实情境，让学生在情境中学会真正地尊重他人、尊重文化差异。 2. 相机点拨、适当评价	代入情境，尝试在尊重的基础上沟通、相处	通过情境体验，向周总理学习，树立求同存异的意识，从细节开始学会尊重，学会与人和平相处

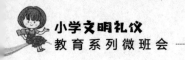
续 表

活动环节	教师活动	学生活动	设计意图
拓展延伸 和睦处	1.组织学生谈收获。 2.教师小结。 3.开展"互尊重，一家亲"评选活动	1.谈收获。 2.小组讨论制定"互尊重，一家亲"评选规则	巩固课堂上知识，并延伸到生活中去，活学活用，争做尊重他人、他国的文明人

附

一、板书设计

互尊重，一家亲

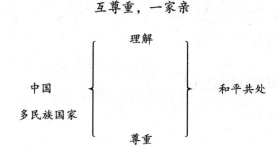

二、故事

小明的烦恼

小明是一个超级爱美的大男孩，平时非常注重形象。他在外人面前从来不穿拖鞋或不脱鞋，可他去泰国旅游，来到当地一座有名的寺庙，寺庙规定：进寺庙必须脱鞋。小明的烦恼来了，不进去吧，好像白来当地旅游了；进去吧，自己的形象就毁于一旦了。

周总理参加泼水节

让我们把思绪追忆到1961年4月13日，敬爱的周总理来到美丽的孔雀之乡——西双版纳景洪，和边疆各族人民共同欢庆一年一度的傣历新年——泼水节。当时景洪交通闭塞，周总理可谓一路周折，乘飞机到达普洱后改乘汽车，当时澜沧江大桥正在建设中，只能乘渡船过江。火红的凤凰花树下，周总理兴致勃勃地换上傣族服装，手持银盆和各族人民互相泼水祝福。一瓢又一瓢，一盆又一盆的水泼向周总理，当时周总理已经六十多岁了，而且连着十多个小时没有休息，身体非常疲惫。

三、情境设计

纽约有位商人，看见一个衣衫褴褛的铅笔推销员，出于怜悯，他塞给那个推销员一英镑。走后觉得这样做不妥，于是他又折返回来，拿了几支铅笔，并道歉地解释自己忘记取笔了。临走前说了句：你我都是商人。半年后……

你猜猜那位铅笔推销员怎样呢？半年后，两人再次相遇，卖笔人已经成了推销商，并感谢商人重新给了他尊重，让他明白了自己也是个商人，自己不是靠别人的怜悯才能生存下去。

四、"互尊重，一家亲"评选表

"互尊重，一家亲"评选表

日期	评选规则1	评选规则2	评选规则3	评选规则4

说明：评选规则由学生讨论制定，表格可以适当调整。

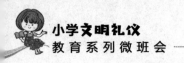
化解矛盾小秘诀

广州市番禺区市桥中心小学　黄雪萍

【活动背景】

　　小学生进入中年段，同伴交往更加频繁，但他们的交往技巧还不够成熟，学生之间的小矛盾、小摩擦层出不穷。针对这种情况，让学生学会寻找化解矛盾的方法，改善交往现状，显得十分必要。班主任要结合中年段学生的年龄特点和心理特点，以贴近学生生活的看漫画、续演故事、读诗歌等生动活泼的活动形式，帮助学生找到化解矛盾小秘诀，并能够积极地把交往技巧运用到实际生活中，学会与人交往的艺术，营造一个和谐的学习环境。

【活动目标】

1. 知识与技能

　　通过形式多样的活动，了解和谐交往的意义，懂得运用宽容、理解、互让、主动沟通、换位思考等技巧化解矛盾，避免矛盾，提高自己的道德修养。

2. 过程与方法

　　在小组合作中寻找化解矛盾的方法，掌握文明交往的小技巧，学会在日常生活中友好交往，提高判断是非的能力，从容化解矛盾，珍惜同学友谊。

3. 情感态度与价值观

　　通过活动，体验友好交往带来的快乐，感受友好相处的和谐气氛，从而懂得尊重，学会欣赏，形成良好的道德修养与心理调节能力。

94

【活动对象】

小学中年段学生。

【活动形式】

小组学习、续演故事、朗诵。

【活动时间】

15分钟。

【活动准备】

绘制漫画故事、制作课件、准备轻音乐。

【活动过程】

活动过程流程表

活动环节	教师活动	学生活动	设计意图
畅谈感受（直面矛盾）	1. 引导学生回顾与同学发生过的小矛盾。 2. 请学生说说与同学闹矛盾的事件及当时的感受	1. 说说与同学之间发生过的小矛盾。 2. 谈谈自己与同学发生小矛盾时的感受	创设生活情境导入，引导学生谈感受，引发共鸣，情绪体验由快乐到面对矛盾的苦恼，引发思维和情感的碰撞，激发学生的兴趣和求知欲
情境探究（寻找秘诀）	1. 组织学生小组合作，看明白漫画故事，并在漫画故事中寻找主人公化解矛盾的方法。 2. 引导学生合作展示研讨成果	1. 小组合作，在漫画中寻找化解矛盾的小秘诀。 2. 小组展示找到的化解矛盾的小秘诀	采用看漫画、小组合作探讨等形式，借用具体生活情境，激发学生的探究精神，提高学生分析问题的能力和认知能力

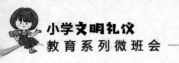
续 表

活动环节	教师活动	学生活动	设计意图
实践探究（体验秘诀）	1. 引导学生运用学到的小秘诀，小组合作续演故事，体验化解矛盾小秘诀的妙处。 2. 组织学生小组续演故事。 3. 小结	1. 小组合作探究，运用前面学到的化解矛盾小秘诀，共同续演故事，体验化解矛盾的快乐。 2. 小组合作续演故事	让学生运用化解矛盾小秘诀续演故事，学生既能探讨如何分析问题，又能把思想上的认识转化为行为实践，从而指导自己今后的生活和行为选择
回归生活（运用秘诀）	1. 引导学生谈收获。 2. 让学生找跟自己闹过小矛盾的同学化解矛盾，创设和谐氛围	1. 谈谈本次活动的收获与体会。 2. 找跟自己闹过小矛盾的同学道歉、握手或者拥抱	学生的所感所获应当回归到生活之中，践行认知，才能更好地实行知行合一
课外延伸（践行秘诀）	1. 引导学生一起看一、二年级与同学和谐相处的照片，小结。 2. 组织学生一起诵读《交往小诗》。 3. 解说开展"交往小达人"评选活动要求	1. 一起回顾一、二年级与同学和谐相处的照片，一起感受友好相处的快乐。 2. 诵读《交往小诗》。 3. 了解"交往小达人"评选活动，积极参与	让学生把这一节课学到的交往秘诀运用到日常生活中，改善交往，发挥主题教育的延续性，才是更有效的教育

📖 附

一、板书设计

寻找交往小秘诀

及时道歉　　　　提醒

换位思考　　　　理解

想办法补救　　　安慰

······

二、漫画故事大意

故事一：

做操的时候，小明不小心踩到了东东的脚，小明连忙蹲下身子，不好意思地说："对不起，对不起！我帮你揉揉！请原谅我，好吗？我不是故意的！"

东东说："现在我不疼了，你以后小心点啊！"小明说："谢谢你！谢谢你的原谅！"

故事二：

平平写字的时候，把手伸到飞飞那边，影响了飞飞写字，飞飞转过头说："平平，你的手影响我写字了。请把手放好，好吗？"平平连忙说："对不起！我知道了。谢谢你的提醒。"飞飞笑着说："没关系，可能你写得太投入了。"平平说："谢谢你的理解，以后我有什么做得不对的地方，你一定要提醒我啊！"

故事三：

小云和青青在写字，浩浩从他们身边走过，不小心把青青的钢笔碰到了地上。青青急得哭了起来。浩浩连忙捡起钢笔，并道歉："对不起，对不起！我不是故意的。"小云轻轻地对青青说："你看浩浩多内疚！他也不是故意的，他一定希望你原谅他的。"青青听了，停止哭泣，点点头说："嗯！那你以后小心点！"浩浩惭愧地点点头。

三、续编故事

下课时，东东、小云、青青和飞飞聚在一起看书，急着上厕所的平平和文文一不小心就撞飞了他们的书……

请运用刚才找到的化解矛盾小秘诀，想想用什么方法来化解上面故事的矛盾，并分角色演一演。

四、交往小诗

小朋友，在一起，小朋友，在一起；

共学习，同游戏，文明用语要常使。

磕磕碰碰是常事。有意见，要提出；

有矛盾，不着急，好好沟通不着急。

真诚道歉是前提，换位思考多理解；

安慰补救要及时。宽容别人笑嘻嘻！笑嘻嘻！

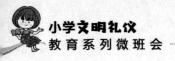
五、"交往小达人"记录表

"交往小达人"记录表

时间	事情经过	化解矛盾小秘诀	感受、收获或者发现

遵守校园秩序，我能行

广州市番禺区石碁傍西小学　古喜兰

【活动背景】

遵守秩序是学生能在校园里快乐学习、安全生活的重要前提。但是学生的天性就是爱玩好动。在课间、放学的时候，我们总会看到一些学生追逐打闹等不守秩序的行为，校园里存在很大的安全隐患。《遵守校园秩序，我能行》这节微班会，旨在让学生知道遵守秩序的重要性，激发学生自觉遵守校园秩序的欲望，养成自觉遵守秩序的好习惯。

【活动目标】

1. 知识与技能

知道在校园里遵守秩序的重要性，懂得在校园中遵守各项秩序，规范自己的行为。

2. 过程与方法

通过观看新闻视频，明白遵守和违反秩序带来的不同后果，掌握遵守秩序的要领，有意识地在日常生活中践行。

3. 情感态度与价值观

体会不遵守秩序带来的后果，树立并增强守秩序的意识，能自觉遵守学校的各项秩序。

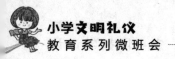
【活动对象】

小学中年段学生。

【活动形式】

视频观看、谈话、小组讨论等。

【活动时间】

15分钟。

【活动准备】

图片、视频、课件。

【活动过程】

活动过程流程表

活动环节	教师活动	学生活动	设计意图
视频对比知后果	1. 播放《校园的踩踏事件》和《逃生奇迹》视频。 2. 引导学生思考：同样的事情发生在不同的学校，为什么会出现两种不同的结果？ 3. 小结，引出课题	1. 观看《校园的踩踏事件》和《逃生奇迹》视频。 2. 思考：同样的事情发生在不同的学校，为什么会出现两种不同的结果？ 3. 汇报	视频导入，贴近学生的生活实际，引起视觉冲击，激发思考，提高学生的兴趣。同时引出课题，顺势导入，合情合理
讨论之中懂秩序	1. 组织学生讨论：在校园生活中，需要遵守哪些秩序？ 2. 小结	1. 小组讨论：在校园生活中，需要遵守哪些秩序？ 2. 汇报	通过小组讨论，让学生明晰校园中需要遵守的秩序。明白每位同学自觉遵守秩序是同学们在校园平安快乐学习生活的前提

活动环节	教师活动	学生活动	设计意图
故事明理 强意识	1. 组织学生阅读《列宁自觉排队》的故事。 2. 引导思考：大家为什么要让列宁先理发？你认为大家的这种想法对不对？ 3. 小结	1. 阅读《列宁自觉排队》的故事。 2. 讨论：大家为什么要让列宁先理发？你认为大家的这种想法对不对？ 3. 小组汇报	通过阅读和讨论，引导学生明白自觉遵守秩序是一个人有道德的表现，激发他们在今后都能自觉遵守公共场合的秩序
小结延伸 守秩序	1. 引导学生谈收获。 2. 拓展活动：践行填写《校园秩序记录表》。 3. 小结：就排队领表表扬自觉排队的小组长，加强"自觉守序"意识	1. 谈收获。 2. 各小组长上台领取《校园秩序记录表》。 3. 明白"自觉守序"的意义	通过学生谈收获，拓展延伸的活动及老师的小结来鼓励学生成为一个坚持遵守秩序的合格公民

 附

一、板书设计

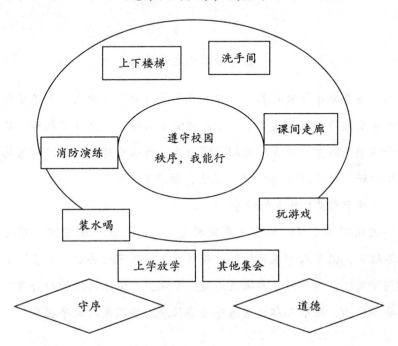

遵守校园秩序，我能行

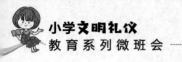

二、《校园的踩踏事件》和《逃生奇迹》

海南省临高县第一小学踩踏事故

2012年11月20日17时许，海南省临高县第一小学举行地震逃生演练活动结束后，学生疏散返回教室时，在教学楼一层至二层的平台间发生拥堵挤压，导致5名学生当场缺氧昏倒，部分学生惊慌倒地，21名学生不同程度受伤。

新疆阿克苏五小踩踏事故

2010年11月29日北京时间11点50分，新疆维吾尔自治区阿克苏市第五小学课间操期间学生下楼时，由于前面一名学生摔倒，造成踩踏事故，致使41名学生受伤，其中重伤7人，轻伤34人。

湖南省育才中学踩踏事故

2009年12月7日晚上9点多，育才中学晚自习下课，因为下雨，52个班的学生大部分从离宿舍比较近的一号楼梯下楼，但有几个调皮的男生将楼梯口堵住，一学生跌倒，骤然引发拥挤踩踏。结果造成8人死亡、26人受伤的事故发生。

桑枣中学逃生奇迹

四川安县桑枣中学紧邻北川，在2008年汶川大地震中也遭遇了重创，但由于平时的多次演习，地震发生后，全校2200多名学生、上百名教师，从不同的教学楼和不同的教室中逃生。其间遵守秩序，听从指挥，全部冲到操场，以班级为组织站好。用时1分36秒，无一伤亡，创造了一大奇迹。

三、《列宁自觉排队》的故事

有一次列宁去克里姆林宫理发室理发。当时，这个理发室只有两个理发师，忙不过来，很多人都坐着排队，等候理发。列宁进去后，大家连忙让座，并且请列宁先理，可是列宁却微笑着对大家说："谢谢同志们的好意！不过这样做是要不得的，每个人都应该遵守公共秩序，按照先后次序理发。"他说完后，就随手搬了一把椅子，坐在最后一个位置上读起报来。

四、校园秩序记录表

校园秩序记录表

备注：A. 总能做到		B. 基本能做到		C. 有时能做到		
时间	出操升旗 体育课	洗手间拥 挤时	和同学 游戏	大课间 跑操	安全 演练	上学 放学	其他集 会……
第1天							
第2天							
第3天							
第4天							
第5天							
第6天							
第7天							
……							

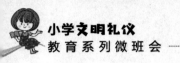
文明课间，我能行

广州市番禺区钟村奥园学校　吴婉明

【活动背景】

《中小学文明礼仪教育指导纲要》指出：让学生懂得文明礼仪是当代公民必备的基本素质，是做人的基本要求。而对小学中年段孩子的文明礼仪教育中，交往礼仪的要求是遵守秩序，轻声交谈，不打扰他人。小学生活泼好动，课间活动是他们最开心的时光，但对遵守课间秩序的意识不强，学生之间追逐、打闹是常有的事情。班主任结合小学中年段学生的年龄特点和心理特点，通过贴近学生生活的唱儿歌、看图片等活动，激发学生认识遵守课间秩序的重要性，增强学生在日常生活领域的交往礼仪。

【活动目标】

1. 知识与技能

通过多种活动，让学生了解课间遵守秩序的重要性以及不遵守秩序带来的危害。

2. 过程与方法

在生活情境中，学生学会增强安全意识，共同营造文明、安全的课间。

3. 情感态度与价值观

通过活动，让学生体验课间遵守秩序的重要性，养成良好的文明行为习惯。

【活动对象】

小学中年段学生。

【活动形式】

谈话式、小组讨论。

【活动时间】

15分钟。

【活动准备】

图片、制作课件、准备儿歌和轻音乐。

【活动过程】

活动过程流程表

活动环节	教师活动	学生活动	设计意图
创情境激兴趣	1. 表演小魔术。 2. 和学生一起唱儿歌《课间十分钟》	1. 参与魔术游戏。 2. 边看视频边唱儿歌	用小游戏吸引学生的注意力，师生一起唱儿歌，活跃气氛，激发学生的学习兴趣和求知欲
看图片析后果	1. 播放学生课间活动的照片，引导交流分析：同学们的这些行为安全吗？为什么？ 2. 引导学生思考：你还发现课间有哪些不安全的行为？ 3. 组织全班交流：课前收集的课间存在不安全的行为资料。 4. 播放课间意外受伤新闻视频，补充近段时间发生在课间的意外。 5. 小结：是啊，文明课间是多么重要啊	1. 看照片，指出照片中的错误行为及带来的后果。 2. 补充课前收集的资料：课间还存在的不安全行为。 3. 看完新闻视频，谈谈自己的感受	本环节教学取材于学生的生活实际，熟悉的场景易引发学生情感共鸣，激发学生意识到遵守课间秩序的重要性

活动环节	教师活动	学生活动	设计意图
守秩序我先行	1.组织小组讨论：课间，我们做些什么活动才既安全又文明？ 2.全班汇报交流。 3.小结：既安全又文明的活动有很多，让文明课间常伴我们身边	1.小组讨论，交流分享。 2.汇报交流	通过小组讨论，提高学生分析问题的能力，体验文明课间的好处
谈收获后延伸	1.引导学生谈收获。 2.总结：让这文明之果常在心中，让文明之树种在心里。 3.组织开展"争当课间文明小卫士"评选活动	1.谈收获。 2.诵读"文明树"。 3.了解"争当课间文明小卫士"评选活动，积极参与	让学生把这节课学到的课间文明行为运用到日常生活中，发挥主题教育的延续性。通过"文明小卫士"的监督、强化，让学生养成良好的行为习惯

 附

一、板书设计

文明课间，我能行

做准备　　上厕所　喝水

看风景　　画画　　看书

慢步走　　唱歌　　聊天

猜谜语

二、意外受伤新闻视频内容简介

课间休息时，孩子们在学校走廊奔跑，小米没有留意到背后小佳正在跑过来，小佳跑到小米身后的时候，小米也突然抬腿起跑，她抬起的腿直接将小佳绊倒。就是这不经意的一绊，导致8岁的小佳重重地摔在学校走廊的地上，小佳的脚骨折了，在医院里住了好久。（视频来源于腾讯视频）

三、"课间文明小卫士"记录表

"课间文明小卫士"记录表

班别：_____ 　　姓名：_____

时间	评价	第一周	第二周	第三周	第四周
星期一	自评				
	同伴评				
星期二	自评				
	同伴评				
星期三	自评				
	同伴评				
星期四	自评				
	同伴评				
星期五	自评				
	同伴评				

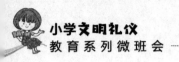
聆听小技巧

广州市番禺区市桥富都小学　李绮敏

【活动背景】

聆听是人际交往中不可或缺的社交礼仪，也是人们获取信息的重要方式。《道德与法制新课程标准》明确规定要培养学生具有"善于聆听"的技能。而一年级的小学生贪玩好动，注意力不够持久，不善于聆听，更不知如何聆听。学会聆听是中年段学生在课堂中亟须解决的一个实际问题。本节微班会旨在让学生自己认识到聆听的重要性，并通过有针对性的练习，掌握良好聆听的要求与技巧，自觉改掉不良的习惯，提高聆听能力和课堂学习效率，做一个受别人欢迎的聆听者。

【活动目标】

1. 知识与技能

通过活动，了解认真聆听的重要性，懂得聆听是尊重他人的行为。

2. 过程与方法

通过活动，学习运用共情的方式走进别人的心灵，学会换位思考，掌握聆听小技巧。

3. 情感态度与价值观

通过活动，体验听的行为不同给人的不同感受，有意识地把聆听小技巧自觉运用到学习和生活中，成为一个有礼貌、尊重他人的文明聆听者。

【活动对象】

小学中年段学生。

【活动形式】

心理训练、小组讨论、角色扮演、心理游戏、小组合作。

【活动时间】

15分钟。

【活动准备】

多媒体课件。

【活动过程】

活动过程流程表

活动环节	教师活动	学生活动	设计意图
游戏导入 揭示主题	1. 组织学生参加热身暖场游戏"黑熊、棕熊大比拼"。 2. 引发学生思考：为什么有的同学能在活动中反应得又快又准确，而有的同学出错较多？ 3. 引导学生交流分享，借用"聆、听"文字解说，引出活动主题	1. 进行游戏"黑熊、棕熊大比拼"。 2. 思考：为什么有的同学能在活动中反应得又快又准确，而有的同学出错较多？ 3. 交流分享	暖场游戏，调动学生积极性，引发思考，引起学生对于注意力集中及耐心聆听的重要性，顺势引出活动主题
情境创设 明辨聆听	1. 组织学生观看《跳跳羊》，数数歌曲中"羊"字出现的次数。 2. 引导学生交流分析：数错的原因？怎样才能数得正确？ 3. 小结板书：聆听小技巧——专心、耐心、虚心、用心	1. 观看《跳跳羊》，数数歌曲中"羊"字出现的次数。 2. 交流分析：数错的原因？怎样才能数得正确？ 3. 读板书：专心、耐心、虚心、用心	运用有意注意的规律组织教学，利用社会知觉中的投射效应，通过观看视频等形式，让学生学会明辨，学会换位思考，从而产生成为一个文明聆听者的意愿

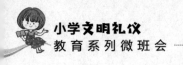
续 表

活动环节	教师活动	学生活动	设计意图
游戏巩固深化聆听	1. 组织学生运用聆听小技巧参加游戏大考验游戏。（具体操作附后） 2. 引导学生分享游戏收获。 3. 小结	1. 参加游戏大考验游戏。（具体操作附后） 2. 分享游戏收获	通过有趣的游戏，层层深化聆听的功能，让良好的聆听习惯真正内化于心
课后导行实践聆听	1. 引导学生交流课堂收获。 2. 指导学生完成《聆听小约定》；课后再与爸爸妈妈一起探讨并补充《聆听小约定》；一个月后评定"聆听小达人"。 3. 完成本节课课堂评价。 4. 总结：本节课同学们通过学习，懂得了要有"四心"，做一个文明的聆听者，希望大家多用这些小技巧，成为"聆听小达人"	1. 交流课堂收获。 2. 学生完成《聆听小约定》；课后再与爸爸妈妈一起探讨并补充《聆听小约定》；一个月后争取评选"聆听小达人"。 3. 完成课堂评价	通过谈收获，引导完成《聆听小约定》等活动，帮助学生整理归纳本节课的学习要点，加深对课堂所得的认识。推出争当"聆听小达人"活动，激发学生把课堂所学运用到生活中，逐渐养成良好的聆听习惯

附

一、板书设计

聆听小技巧

"四心"

专心：听清每一句话，不想其他事

耐心：不插嘴，别人说完再发表意见

虚心：不自满，能接受别人的意见

用心：有自己的思考

二、黑熊、棕熊大比拼

游戏规则：老师讲的故事中会多次出现"蜜蜂"和"蜂蜜"这两个词。每当听到"蜜蜂"时，男同学起立，女同学坐着；听到"蜂蜜"时，女同学起立，男同学坐下。

故事：黑熊和棕熊喜欢吃蜂蜜，它们都以养蜜蜂为生。它们各有一个蜂箱，养着同样多的蜜蜂。有一天，它们决定比赛看谁产的蜂蜜多。黑熊想，蜂蜜的产量取决于蜜蜂每天对花的"停留次数"。于是它买来了一套测量蜜蜂接触花朵次数的仪器。在它看来，蜜蜂所接触的花的次数就是蜜蜂的工作量。棕熊与黑熊想的不一样。它认为能产多少蜂蜜，关键在于蜜蜂每天采回多少花蜜——花蜜越多，酿的蜂蜜也越多。而且它也买了一套仪器，但测量的是每只蜜蜂每天采回花蜜的数量和整个蜂箱每天酿出蜂蜜的数量，并把结果公布。一年过去了，棕熊的蜜蜂产的蜂蜜比黑熊的蜜蜂产的蜂蜜多出整整一倍。

三、游戏大考验

介绍游戏规则：故事中会多次出现"老鹰"和"小白兔"这两个词。每当听到"老鹰"这个词时，请站立；听到"小白兔"这个词时，请蹲下。做错的及时淘汰，最后剩下的同学为胜利者。

在很久很久以前，在一片大森林里，有一间老屋。老屋里住着一位老人，老人养着一只小鸡和小白兔。森林里还有一只老鹰和老乌龟。有一天，老乌龟对老鹰说：你不要总是去伤害老人家的小鸡和小白兔，因为如果没有了小白兔和小鸡，老人会很孤独的。老鹰说：不管是小白兔还是小鸡，小鸡还是小白兔，我总要吃掉一只！突然，"砰"的一声，老鹰从树上掉下来死掉了，原来，老乌龟和老鹰的谈话被老人听见了。

四、看视频歌曲

《别看我只是一只羊》数数歌曲里有多少个"羊"字出现？（共13个）

喜羊羊美羊羊懒羊羊沸羊羊，慢羊羊软绵绵，红太狼灰太狼，别看我只是一只羊。绿草因为我变得更香，天空因为我变得更蓝，白云因为我变得柔软，别看我只是一只羊。羊儿的聪明难以想象，天再高，心情一样奔放，每天都追赶太阳。有什么难题，去牵绊我，都不会去心伤。

五、《聆听小约定》

亲爱的爸爸妈妈：

我们要养成一个好的聆听习惯，让我们一起来做个聆听小约定！我们聆听的时候要做到（根据自己的情况打"√"）：

（　　）安静、仔细倾听，要严肃一些，眼神有交流。

（　　）用鼓掌、点头、微笑等方式表示赞赏。

（　　）不插嘴，不随便岔开话题；不开小差，不做小动作。

（　　）一边倾听，一边思考。

（　　）姿势端正，等别人说完再发言，课堂上发言要举手。

爸爸妈妈意见：

你的宝贝：

家长签名：

六、《聆听小技巧》课堂评价表

《聆听小技巧》课堂评价表

评价项目与内容	评价指标	评价等级			设置星名
		★★★	★★	★	
注意力	1. 老师、同学发言时能目光注视，并能迅速做出反应。				专注星
智力表现	2. 头脑灵活，点子多，活动中有创意。				创意星
人际交往	3. 与老师、同学交流语言得体，彬彬有礼，并能展开友好的合作。				交往星
情绪行为	4. 在学习中伴有点头、微笑、眉头紧锁、跃跃欲试等行为或神情，显得既紧张又轻松愉悦。				投入星
感知行为	5. 在学习过程中有满足、成功与喜悦等体验，对后续学习更有信心。				挑战星
参与态度	6. 我在学习的过程中感到快乐				参与星

我能得到_____颗星星

轻声细语，静从我始

广州市番禺区红郡小学　袁立怡

【活动背景】

教育部2010年12月印发的《中小学文明礼仪教育指导纲要》要求学生掌握家庭、校园、公共场所等社会生活领域的交往礼仪，养成文明礼貌的行为习惯，做优雅大方、豁达乐观、明礼诚信的合格公民。其中，对一到三年级小学生做出明确的交往礼仪要求是轻声交谈，不打扰他人。因此，引导学生在公共场合保持安静，轻声细语很有必要。

【活动目标】

1. 知识与技能

通过对比乐音和噪声，了解大声喧哗对人身体的害处，明白吵闹会带给自己及他人不良的影响，明白在公共场合必须轻声细语，保持安静。

2. 过程与方法

通过联系生活实际，明确需要安静的场合，学会在公共场合保持安静，并在日常生活中有意识地践行。

3. 情感态度与价值观

通过活动，感受公共场合轻声细语的良好氛围，养成在公共场合保持安静的好习惯，做一个优雅、有素质的小学生。

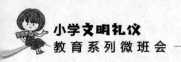
【活动对象】

小学中年段学生。

【活动形式】

小组讨论学习。

【活动时间】

15分钟。

【活动准备】

音频、图片、课件。

【活动过程】

活动过程流程表

活动环节	教师活动	学生活动	设计意图
对比感受 了解噪声	1. 播放两段音频。 2. 引导学生谈感受。 3. 出示噪声的概念	1. 听两段音频。 2. 谈谈听完两段音频的感受。 3. 了解噪声的概念	让学生在感受噪声的基础上了解噪声的概念
明确危害 轻声细语	1. 引导学生联系生活实际，思考：噪声对人有哪些危害？ 2. 教师小结归纳。 3. 引导学生联系生活实际，思考：哪些场合需要轻声细语？ 4. 板书：需要轻声细语的场合	1. 说说噪声的危害。 2. 说说需要轻声细语的场合	明确噪声会危害人的身体健康，影响我们的生活；明确公共场合需要轻声细语
走进课间 文明活动	1. 出示学校保持安静的标语，播放学校课间大声喧哗的音频，让学生谈感受。 2. 引导小组讨论：哪些课间活动可以减少课间噪声？ 3. 指导、点评小组汇报。 4. 教师小结归纳	1. 谈谈感受。 2. 小组讨论：哪些课间活动可以减少课间噪声？ 3. 小组汇报	本环节，通过组织学生小组讨论，引导学生在日常生活中有意识地践行，做到课间文明活动

附

一、板书设计

轻声细语，静从我始

图书馆	医院		看书
博物院	商场	课间	看窗外
地铁车厢排队			小声聊天
			画画
			下棋
			……

二、两段音频

（1）录制课间噪声。

（2）钢琴曲《起风了》。

三、噪声的危害

（1）影响他人的情绪，造成他人工作和学习的不便。例如，大声喧哗会干扰他人的谈话、工作和学习。以在教室里自习为例，大声说笑很容易引起别人的注意，打破安静的学习环境，干扰他人正常学习。

（2）影响人身体健康。经常处在嘈杂的环境里，易使人急躁健忘。并且，轻微噪声可使人的耳朵受到伤害，极大的噪声能伤害人的脑神经。

（3）影响人和周围环境的卫生。大声喧哗容易造成飞沫传播，不卫生。

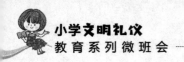
坐的学问

广州市番禺区石楼镇重文小学　梁少英

【活动背景】

小学阶段，坐姿不良是学生群体普遍存在的现象。长期坐姿不良，会引起身姿不正和视力伤害方面的问题。针对这种情况，让学生了解坐姿不良的危害，掌握正确的坐姿，改善坐姿不良的现象尤其重要。本节微班会班主任要结合小学中年段学生的身心特点，通过创设情境、观看视频、现场示范、练习等多元化的活动形式，帮助学生认识坐姿不良的危害及掌握正确坐姿的基本方法，并能结合实际生活运用，成为讲礼仪的小公民。

【活动目标】

1. 知识与技能

通过讨论、观看视频等活动，让学生了解坐姿不正确的危害，懂得正确的姿势对身体发育的重要性，学习正确坐姿，并有意识地检查和纠正自己的坐姿，成为讲礼仪的小公民。

2. 过程与方法

通过现场观摩、练习等方式，让学生学习在不同场合正确坐姿的方法，并现场进行练习，他们在生活和学习中注意坐姿，逐步形成良好的习惯。

3. 情感态度与价值观

学生在活动中欣赏优美的坐姿，感受和体验正确坐姿带来的愉悦，激发他们学习正确坐姿，树立规范坐姿的意识，养成规范、得体坐姿礼仪的好习惯。

【活动对象】

小学中年段学生。

【活动形式】

谈话式、体验式。

【活动时间】

15分钟。

【活动准备】

课件、视频、两把椅子。

【活动过程】

活动过程流程表

活动环节	教师活动	学生活动	设计意图
看坐姿	1. 教师创设情境《小C的烦恼》，引导学生思考：小C为什么会近视呢？ 2. 总结学生的发言并归纳原因——坐姿不良。 3. 揭示课题：《坐的学问》	学生交流分享，帮助小C寻找近视的原因	创设学生熟悉的生活情境，激发学生的学习兴趣，打开话匣子
聊坐姿	1. 组织学生讨论、分享：坐姿不良，有哪些坏处呢？ 2. 组织学生观看视频《坐姿不正确会给孩子带来哪些伤害》	1. 学生分组讨论及分享坐姿不良带来的危害。 2. 观看视频，听取专家的建议	通过组织学生讨论问题和观看视频，由浅入深，激发学生的探究欲望，引发学生对坐姿问题的初步思考

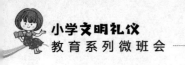

续 表

活动环节	教师活动	学生活动	设计意图
正坐姿	1. 组织学生观看图片并现场练习学习场合的正确坐姿。 2. 小结学习场合的坐姿要求。 3. 组织学生观看图片，示范和现场练习公共场合的正确坐姿。 4. 小结公共场合的坐姿要求	1. 观看标准的学习坐姿图片，在教师的指导下现场练习学习场合的正确坐姿。 2. 观看正确的公共场合坐姿图片和学生的正确示范，在教师的指导下现场练习公共场合的正确坐姿	根据小学中年段学生好动的特点，本环节使全体学生起来，亲身体验、尝试，习得在不同场合正确坐姿的方法，并体验到学习的快乐
稳坐姿	布置学生在课后完成"坐姿小礼仪"记录表	课后完成"坐姿小礼仪"记录表	通过表格的形式，跟进学生在课后的实践情况，促使学生坚持践行，起到鼓励、强化的作用

 附

一、板书设计

坐的学问

学习场合　　　　端正规范

公共场合　　　　大方得体

二、《坐姿不正确会给孩子带来哪些伤害》视频内容简介

北京青少年儿童健康研究中心江一波教授指出：写字坐姿不正确给孩子带来的伤害，主要表现在视力和身姿方面：从小学到大学，这一万多个小时的写字过程中，不正确的用笔和坐姿，必将给孩子的视力造成无法估量的伤害；从身姿方面来说，小学阶段孩子的身体器官正处于发育的关键期，这个时期坐姿不正确，就会造成脊柱侧弯变形，如果得不到及时的纠正，就会出现弯腰、驼背、斜肩等现象，给孩子带来永久的伤害。

三、学习场合和公共场合的坐姿礼仪要求

1. 学习场合

学习场合的学习坐姿要求：腰背挺直，肩放松，脚自然垂直放在地上，双手自然平放在桌面上。

2. 公共场合

公共场合的坐姿要求：腰背挺直，肩放松，脚自然垂直放在地上。女生，两膝并拢，双手交叉叠放，自然摆放在腿上；男生，双膝自然分开，双手自然放在腿上。

四、"坐姿小礼仪"记录表

"坐姿小礼仪"记录表

备注：A. 经常能做到		B.基本能做到	C. 有时能做到	
	学习时		会见客人	公共场合
	在学校	在家里		
第1天				
第2天				
第3天				
第4天				
……				

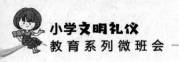

争当文明小观众

广州市番禺区亚运城小学　陈嘉芬

【活动背景】

随着人们的精神生活日益丰富，小学生不但参加学校的表演活动，还经常走进电影院、剧院和音乐殿堂。但有很多小学生不懂公共场合的观看秩序，影响了展演的正常进行。针对这种现象，对已有一定自制力的中年段小学生展开观看展演礼仪教育显得很有必要。本节课通过交流讨论、情境体验、视频观看、现场模拟等丰富的活动形式，帮助学生认识文明观看礼仪的重要性，并掌握当一名文明观众的基本方法，逐步养成文明观看的习惯，争做讲文明、讲公德的小公民。

【活动目标】

1. 知识与技能

通过活动，明白观演礼仪的重要性，懂得文明观看是对他人的尊重，也是自身修养的体现。

2. 过程与方法

通过讨论交流、视频观看、现场模拟等活动，在现场模拟中习得文明观看的礼仪，学会专心欣赏，养成良好的观赏习惯。

3. 情感态度与价值观

通过活动，感受观看演出时礼仪的重要性，树立良好的文明观众礼仪意识，培养学生举止文明、关爱他人的情感和有爱心的生活态度。

【活动对象】

小学中年段学生。

【活动形式】

讨论交流、看视频、现场练习。

【活动时间】

15分钟。

【活动准备】

课件、视频、"争当文明小观众"表格。

【活动过程】

活动过程流程表

活动环节	教师活动	学生活动	设计意图
知礼察礼	1. 引导学生观看博物馆中的"禁止拍照""禁止饮食"图片，引导思考：如何做文明观众？ 2. 揭示课题：《争当文明小观众》	1. 看博物馆中"禁止拍照""禁止饮食"图片，思考：如何做文明观众？ 2. 齐读《争当文明小观众》	图片导入，展示学生熟悉的警示标语，引起学生关注文明参观的要求
辨礼明礼	1. 组织学生观看《文明观赛》公益广告，引导思考：不文明的观看言行会带来什么影响？ 2. 引导学生汇报。 3. 小结	1. 观看《文明观赛》公益广告，思考：不文明的观看言行会带来什么影响？ 2. 分享汇报	通过观看视频，讨论问题，引导学生明辨是非，知道不良的观看言行的影响，引发学生对文明礼仪的关注与思考

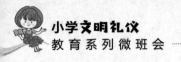
续表

活动环节	教师活动	学生活动	设计意图
学礼行礼	1. 组织学生观看《观演礼仪》视频，学习观演礼仪知识。 2. 引导学生汇报学习礼仪知识。 3. 组织学生对比《广东省博物馆的参观礼仪指南》要求，并进行自评。 4. 引导学生小组演一演：怎样做一个文明的电影观众？ 5. 组织小组汇报。 6. 小结	1. 观看《观演礼仪》视频，学习观演礼仪知识。 2. 汇报学习礼仪知识。 3. 对比《广东省博物馆的参观礼仪指南》要求，并进行自评。 4. 小组演一演：怎样做一个文明的电影观众？ 5. 小组汇报	中年段学生日常已有观看话剧演出、到博物馆参观的经验，通过学习和自评，强化礼仪要求。 通过"做一个文明的观影者"这一活动，让学生思考在实际生活中如何做一个文明的观众
有礼得赞	1. 引导学生谈收获。 2. 解说"争当文明小观众"点赞表。 3. 总结	1. 谈收获。 2. 学习"争当文明小观众"点赞表	梳理小学生在观看演出和表演时的礼仪，在小结中强化。课后完成表格，巩固知识，促进学生在生活中积极践行

 附

一、板书设计

争当文明小观众

观看演出展览：排队、提前到场、轻声细语、

不碰展览物、不开闪光灯、不饮食

观看电影比赛：排队、提前到场、按号入座、

不开闪光灯、带走垃圾

二、《文明观赛》公益广告视频简介

在一场网球比赛中，一名观众在现场吃东西发出的声音影响到隔壁的观众，而且随意把垃圾扔到了地上，手机铃声也没有关闭，还大声打电话。这对

整个比赛造成了很大的影响。

三、《观演礼仪》视频内容简介

国家大剧院制作的观演礼仪视频提出，越来越多人开始到剧院观赏演出，在大家聚集观看时，需要明确的规矩，也就是观演礼仪来保证观看过程不受打扰。视频里明确提出了以下文明倡议：①看演出不迟到；②穿着要注意；③对号入座；④保持安静；⑤请勿拍照；⑥演出进行时请勿随意走动；⑦尽量避免提前退场；⑧献花请提前联系工作人员；⑨请提前寄存大件物品；⑩请观演结束再鼓掌。

四、广东省博物馆的参观礼仪指南

1. "文明参观"三字经

访粤博，可预约。票证齐，安检过。

展区内，不吃喝。勿追逐，莫躺卧。

随心看，忌乱摸。缓步行，低声说。

无闪光，文物妥。优环境，靠你我。

2. 文明参观礼仪小测试

（　　）我能小声地说话。

（　　）我轻轻走路，不跑跳也不推挤。

（　　）我不开闪光灯拍照。

（　　）在休息区，我从不躺卧。

（　　）我没有把手按在展柜玻璃上。

（　　）我没有触摸隔离带那里的展品。

（　　）我取阅资料不乱扔。

五、"争当文明小观众"点赞表

"争当文明小观众"点赞表

	请为你能做到的打"√"点赞				
在观看 演出时	排队入场 （　　）	安静坐定 （　　）	不饮食 （　　）	着装得体 （　　）	有序离场 （　　）

	请为你能做到的打"√"点赞				
在观看 展览时	排队入场 （　　）	不大声喧哗 （　　）	不饮食 （　　）	不用手触碰玻璃柜 （　　）	有序离场 （　　）
在观看 比赛时	排队入场 （　　）	不随意走动 （　　）	不饮食 （　　）	不喝倒彩 （　　）	有序离场 （　　）

集会礼仪知多少

广州市番禺区南村镇南华小学　　林楚莉

【活动背景】

小学生进入四年级，在参加集会时部分同学还不能够约束自己的行为，出现迟到、违反会场要求等行为。针对这种情况，让学生学习参加班级、学校等集会活动应具备的礼仪知识，显得十分必要。本节微班会，班主任要结合小学中年段学生的年龄特点和心理特点，让学生在小组合作中讨论集会礼仪有哪些，在情景模拟中进行角色扮演，结合自身在集会中的感受和体验，进一步规范参加集会的礼仪细节，培养文明集会的素养。

【活动目标】

1. 知识与技能

通过小组合作讨论、角色扮演，让学生了解集会礼仪的重要性，掌握参加班级、学校等集会活动应具备的礼仪知识，培养文明集会的素养。

2. 过程与方法

学生在小组合作中讨论集会礼仪知识，在日常情景模拟中进行角色扮演，结合自身在集会中的感受和体验，进一步规范参加集会活动的礼仪行为。

3. 情感态度与价值观

引导学生通过活动了解遵守集会礼仪带来的正面影响，从而学会在集会时讲究适当的礼仪，使集会活动顺利进行，有利于学生形成良好的思维品质。

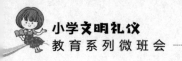
【活动对象】

小学中年段学生。

【活动形式】

小组讨论、角色扮演、朗读礼仪口诀。

【活动时间】

15分钟。

【活动准备】

布置学生课前收集与集会礼仪相关的资料、制作课件、准备轻音乐。

【活动过程】

活动过程流程表

活动环节	教师活动	学生活动	设计意图
授之以渔（查资料）	1. 引导学生回顾学校哪些活动属于集会。 2. 请组长汇报有关集会礼仪的知识	1. 学生谈谈哪些学校活动属于集会，如开笔礼、祭孔礼、升旗礼等。 2. 请学生说说有关集会礼仪的知识	学生通过谈论学校特色集会活动从而引出课题。各小组汇报有关集会礼仪的知识，初步感知集会有哪些礼仪
晓之以理（明礼仪）	1. 引导学生观察对比图，判断不符合集会礼仪的图片。 2. 出示集会礼仪口诀，进一步记牢集会礼仪	1. 学生小组合作，判断不符合集会礼仪的图片，并说出理由。 2. 学生朗读集会礼仪的口诀	采用小组合作探讨、朗读口诀等形式，激活课前查找的资料，凸显学生的主体性，提高教学目标达成度

续 表

活动环节	教师活动	学生活动	设计意图
动之以情 （找方法）	1. 引导学生运用学到的集会礼仪口诀，小组合作进行角色扮演。 2. 引导学生讨论如何把集会礼仪落到实处	1. 学生通过角色扮演重现集会真实情境，探究其中存在的问题。 2. 学生重演不恰当的情境，体验遵守集会礼仪的重要性	角色扮演既能让他们换位思考，理解不恰当的集会行为带来的负面影响，又能探讨如何改变错误行为，促进认知的改变
导之以行 （用方法）	1. 引导学生谈收获。 2. 以常见的集会为例做一张行为记录卡，规范自己以后参加集会的行为。 3. 活动小结	1. 学生谈本次班会课的收获与体会。 2. 学生以填记录卡的方式规范自己以后参加集会的做法。 3. 学生听教师总结，深化认知	学生进一步明确在学校参加集会应当遵守的礼仪，再通过填记录卡提高认识，指导以后参加集会的行为规范，做到知行合一。通过总结，学生明白遵守集会礼仪是个人文明修养的体现，也代表了班级的整体形象

 附

一、板书设计

我知集会礼仪

查资料	立正肃立升国旗	齐唱国歌有志气
明礼仪	集会做到快静齐	认真听讲最有型
找方法	观看表演要热情	精彩鼓掌我最行
用方法	会后垃圾不留地	集会礼仪我牢记

二、我知集会礼仪（学校篇）

1. 升旗礼仪

（1）举行升旗仪式时，全体师生集合在操场上，队列整齐，面向国旗，肃立致敬。

（2）仪表要规范，仪态要庄重，穿着要干净，脱帽肃立。

（3）要保持安静，切忌喧哗、走动、打闹、东张西望、心不在焉。

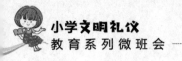
（4）升国旗时，少先队员敬队礼，其他人行注目礼。

2. 入场礼仪

（1）入场前严格遵守集会时间，服从指挥，按顺序排队，要做到快、静、齐。

①快：在规定时间内到达指定地点，集合完毕。

②静：在集合过程中不喧哗，不玩笑逗乐。

③齐：各班参加集会人数整齐，着装整齐，队形整齐。

（2）入场时如遇领导和老师，靠右礼让，保持会场秩序严谨、文明、规范。

（3）入场后安静坐好，等待大会开始。

3. 听会礼仪

（1）欢迎嘉宾和领导时热烈鼓掌。

（2）听讲时坐姿端正，头正身直，如有必要，做好会议记录。

（3）发言人讲话时应当鼓掌欢迎，结束时鼓掌致谢。当发言人宣布获奖同学、表扬优秀学生时，应鼓掌祝贺。

（4）不做与大会无关的事情，不做作业，不交头接耳，不翻阅书报杂志，不吃零食，不随地吐痰，不乱扔纸屑。

（5）集会期间禁止随便走动或出入会场，如果想上厕所，应告知班主任，从后门出去。

（6）退场时听从指挥，按顺序退场，不拥挤，不大声喧哗。关注自己周围的卫生，随手捡拾垃圾，保持会场的干净与整洁。

三、集会礼仪口诀

立正肃立升国旗　　齐唱国歌有志气

集会做到快静齐　　认真听讲最有型

观看表演要热情　　精彩鼓掌我最行

会后垃圾不留地　　集会礼仪我牢记

四、角色扮演集会情境

情境一：

今天下午我们四年级前往阶梯室听讲座，小方迟到了，从前门进来后找不到位置，他就走来走去，问同学自己应该坐在哪里。你们觉得这样好吗？应该怎么做？

情境二：

今天是校运会，运动会结束后，清洁阿姨发现操场上满地垃圾，有空水瓶、气球、彩带、纸屑、零食包装袋，阿姨摇了摇头，开始大清扫。你知道阿姨为什么摇头吗？同学们做错了什么？如果现在让你回到校运会现场，你想怎么做？

情境三：

今天是我们四年级的英语演讲比赛。比赛开始了，小光有点紧张，演讲到精彩部分忘词了，台下的同学们开始叽叽喳喳地讨论起来，有的居然还在看书、写作业，根本没听。小光低着头，鞠了个躬就下去了，这时候掌声稀稀拉拉的，一点都不整齐。请问观看的同学违背了集会礼仪的哪一点？如果你是小光，你的心情会怎样？如果小光再演讲一次，你会怎么做？

五、"集会礼仪行为"记录卡

提示：以常见的讲座、校运会、比赛、升旗礼等为例，写一写自己参加集会时应该注意哪些礼仪细节。

"集会礼仪行为"记录卡

集会类型	会场礼仪表现	改进方面
升旗礼		
校运会		
比赛		
讲座		
……		

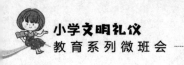

打电话，讲礼仪

广州市番禺区毓秀小学　黎惠莲

【活动背景】

科技信息时代，电话是传递信息的重要工具。现在的小学生使用电话进行交往活动频繁，但电话沟通礼仪有所欠缺。针对这种情况，让学生学习电话交往时使用礼貌用语，文明沟通，是很有意义的。结合小学中年段学生的年龄特点和心理特点，通过看视频、小组合作、读儿歌等生动活泼的活动形式，帮助学生重温生活中打电话的情景，引导他们发现在打电话过程中存在的礼仪问题，在轻松的活动中得到文明礼仪的熏陶。

【活动目标】

1. 知识与技能

通过生动轻松的活动，让学生认识到电话交流讲究礼仪的重要性，懂得电话交流的文明礼仪。

2. 过程与方法

通过讨论、小组合作等形式，让学生学会使用电话的礼貌用语，掌握电话交流的礼仪小技巧，并尝试在日常生活中运用。

3. 情感态度与价值观

通过活动，让学生感受到文明电话交流带来的愉悦，激发学习和使用礼貌用语进行电话交流的热情，逐渐养成良好的文明礼仪习惯。

【活动对象】

小学中年段学生。

【活动形式】

小组合作学习、讨论。

【活动时间】

15分钟。

【活动准备】

视频、课件。

【活动过程】

活动过程流程表

活动环节	教师活动	学生活动	设计意图
创设情境	1. 引导学生看电话的图片，交流分享：电话改变生活。 2. 出示课题	1. 看电话的图片，交流分享：电话改变生活。 2. 齐读课题	创设生活情境导入，引导学生交流分享，引发共鸣，明确主题，引发思维和情感的碰撞
合作探究	1. 组织学生观看视频，引导思考： （1）品格格给朋友打电话前是怎么做的？ （2）豆豆丁和小茂接电话的做法哪里不一样？你喜欢谁？ 2. 引导学生小组讨论。 3. 引导学生小结接听电话的礼仪，以三字儿歌形式呈现	1. 观看视频故事，思考： （1）品格格给朋友打电话前是怎么做的？ （2）豆豆丁和小茂接电话的做法哪里不一样？你喜欢谁？ 2. 小组讨论。 3. 拍手读儿歌	借用具体的生活情境，小组合作探讨，讨论三字儿歌小结，有利于学生快速掌握打电话的礼仪，激发学生的探究精神，提高他们分析问题的能力和认知能力

续　表

活动环节	教师活动	学生活动	设计意图
实践探究	1. 师生合作"电话用语对对碰"。（师表述讲电话情境，一生说不当用语，其他人说对应的礼貌用语） 2. 引导学生谈收获，教师小结	1. 师生合作"电话用语对对碰"。说出不当用语对应的礼貌用语。 2. 谈收获	合作游戏，在游戏中师生一起进入游戏角色，在不知不觉中运用电话礼仪用语，促进学生在实际生活中文明使用电话的能力得到提升
回归生活	1. 出示使用电话时的小问题。（考考你，说一说） 2. 引导学生谈收获及准备怎么做	通过小问题，谈收获及准备怎么做	通过呈现生活中使用电话的实际问题，试着解决问题，让学生的所感所获回归到生活之中，践行认知，才能更好地实行知行统一
延伸主题	1. 指导学生开展"电话礼仪小使者在行动"活动。 2. 小结：我们打电话时要讲礼仪，当文明礼仪小使者并带动周围的人文明使用电话	了解"电话礼仪小使者在行动"活动	让学生通过简单的记录表，把电话礼仪小技巧运用到生活中，并延伸到家庭，拓宽教育的广度，发挥主题教育的延续性

附

一、板书设计

打电话，讲礼仪

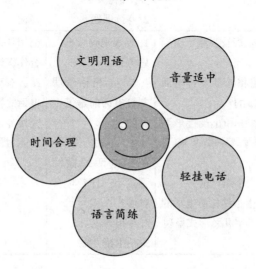

二、视频故事内容

品格格的金鱼会跳舞，想约她的好朋友豆豆丁和小茂来家里看看。先给豆豆丁打电话，品格格给豆豆丁打电话时，先看了看时钟是上午9点20分，这个时间不是吃饭、休息的时间，可以打电话，于是品格格给豆豆丁打电话，电话响了两下豆豆丁就很有礼貌地拿起电话，说："你好！我是豆豆丁，请问你找谁？"品格格有礼貌地回答道："我是品格格。你好，豆豆丁，我家的金鱼会跳舞了，我邀请你来我家看看。"豆豆丁很有礼貌地回复："好的，我马上到。"品格格也礼貌地回复："好的，等会儿见。"豆豆丁也道："再见！"然后轻轻挂上电话，准备出发去品格格家了。接着品格格给小茂打电话，小茂只顾着玩，电话响了好久才匆匆忙忙拿起电话，大声说："喂！谁呀？"品格格同样有礼貌地邀请小茂来看金鱼跳舞，小茂噼里啪啦地说："哇！太好啦！太好啦！哈哈哈！""咔"一声挂了电话，火急火燎地奔去品格格家了。到品格格家后，小金鱼一起舞蹈唱歌教育小茂怎样使用电话礼仪。

三、打电话三字歌

> 打电话，时间宜；文明语，挂嘴边；
>
> 报身份，诚意恳；话有序，语言简；
>
> 表谢意，话先行；道再见，轻轻挂。
>
> 三声响，接电话；请和您，最常用；
>
> 专心听，不插嘴；音量宜，话清晰；
>
> 用电话，沟通畅；你我他，礼仪星。

四、"电话用语对对碰"

（说出礼貌用语）

打电话礼貌用语表

情境（师）	不当用语（一生演）	礼貌用语（传电话生轮说）
向人问好	喂	您好！
问对方身份	你是谁？	请问您是谁？
问别人姓名	你叫什么名字？	能告诉我您的名字吗？
问对方姓氏	你姓什么？	请问您贵姓？

续 表

情境（师）	不当用语（一生演）	礼貌用语（传电话生轮说）
要别人电话	你电话号多少？	能留下您的联系方式吗？
要找别人	给我找一下×××	麻烦您帮我找一下×××，好吗？谢谢！
问事情	你有什么事？	请问您有什么事？
叫别人等待	你等着	请您稍等一会儿。
人不在	他不在	不好意思，他不在，请您直接给他打电话吧！
待会儿再打	你待会儿再打	对不起，他现在不在这里，如果有急事直接给他打电话，好吗？
结束谈话	你说完了吗？	您还有其他事情吗？或者还有什么吩咐？
做不到	那样不行	不好意思，帮不到您。
没听清楚	什么！没听见！	不好意思，没听清楚，能再说一遍吗？

五、考考你，说一说

（回归生活）

（1）接电话或者拨通电话可以说什么文明用语？

（2）在公共场所，需要拨打或者接听电话，你会怎么做？

（3）接到不熟悉的来电，你会怎么说、怎么做？

（4）假期有事找老师，接通电话后先说什么？说完事情要说什么？

六、"电话礼仪小使者"记录表

"电话礼仪小使者"记录表

	文明用语	时间合适	聆听	声音合理	轻挂电话	公共场所
爸爸	☆	☆	☆	☆	☆	☆
妈妈	☆	☆	☆	☆	☆	☆
爷爷（奶奶）	☆	☆	☆	☆	☆	☆
我	☆	☆	☆	☆	☆	☆

下 篇

高年段
教学设计

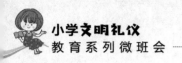

我和我的老师

广州市番禺区钟村第二小学　黄敏丽

【活动背景】

尊师重教是中华民族的传统美德。学生和教师朝夕相处，感受着教师无微不至的关爱。高年段学生的自我意识较强，以自我为中心，较缺乏责任感，因此与教师长期相处的过程中也容易出现误解或矛盾。针对这些情况，引导学生回忆与教师相处的幸福点滴，感悟师恩，在此感情基础上学会理解教师，处理和教师之间的小矛盾、小误会。本节微班会，班主任要结合高年段学生的身心特点，通过创设情境、观看视频、讨论交流、辩论分享等多元化的活动形式，帮助学生感受教师对自己的关爱与奉献，学会尊重理解、有效沟通、换位思考，增进师生间的情感交流。

【活动目标】

1. 知识与技能

了解教师日常工作的艰辛，懂得对教师表达感恩之情的做法，掌握师生相处的方法和技巧，懂得解决与教师之间的误解和矛盾，增进师生间的情感交流。

2. 过程与方法

通过观察、分享和辩论等活动，走近教师，理解教师，寻找化解师生之间误会和矛盾的方法，提高沟通交往能力；感悟师恩，用实践行动表达爱师之情。

3. 情感态度与价值观

通过活动，感受教师对学生的关爱，体会教师默默奉献的无私精神，增进师生间的情感。

【活动对象】

小学高年段学生。

【活动形式】

讨论交流、观看视频、分享会、辩一辩。

【活动时间】

15分钟。

【活动准备】

课件、视频。

【活动过程】

活动过程流程表

活动环节	教师活动	学生活动	设计意图
谈话导入 感悟师恩	1. 引导学生回忆与教师之间发生的难忘故事。 2. 点拨学生的事例，肯定这份真挚的感情。 3. 揭示课题	1. 交流分享与教师之间发生的难忘故事。 2. 齐读课题	创设和谐的师生相处氛围，让学生更好地感受教师的关爱，激发学习兴趣，打开话匣子
集体讨论 换位思考	1. 组织学生思考并讨论交流：老师这样做的原因。 （1）课间，有的同学在教室里写作业，老师催促大家到教室外休息一会儿。	1. 思考并讨论交流：老师这样做的原因。 （1）课间，有的同学在教室里写作业，老师催促大家到教室外休息一会儿。	通过组织学生集体讨论交流，激发探究欲望。通过讨论一些日常的事件，帮助学生了解事件背后是老师

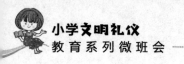

活动环节	教师活动	学生活动	设计意图
集体讨论 换位思考	（2）同学刚把地面扫干净，不知道是谁又丢了纸屑，老师却批评同学扫地不认真。 2.引导学生交流感受，小结归纳	（2）同学刚把地面扫干净，不知道是谁又丢了纸屑，老师却批评同学扫地不认真。 2.交流感受	默默的关爱。引导学生换位思考，尝试理解老师的体验
七嘴八舌 学会沟通	1.组织学生观看视频《那节体育课》。 2.组织学生辩一辩：体育老师的做法对不对？为什么？ 3.邀请体育老师发表心声。 4.组织学生开展小小分享会：被老师误解时你是如何处理的？ 5.引导小组汇报，总结	1.观看视频《那节体育课》。 2.辩一辩：体育老师的做法对不对？为什么？ 3.听体育老师发表心声。 4.开展小小分享会：被老师误解时你是如何处理的？ 5.小组汇报	根据高年段学生有一定思辨能力的特点，本环节创设情境，让全体学生参与思辨、分享，习得处理师生关系的小妙招，并体会到老师的良苦用心
说悄悄话 情感升华	1.播放视频《我和我的老师》，引领学生升华情感。 2.组织学生用小卡片写下想对老师说的心里话，并在课后送给老师。 3.总结	1.观看视频《我和我的老师》，再次回味老师对学生的关爱和奉献。 2.用小卡片写下心里话，并在课后与老师沟通	通过观看视频，增进师生间的情感交流。通过在卡片上写心里话，课后与老师沟通，鼓励学生用行动解决与老师之间的误会或矛盾，也鼓励学生用实际行动表达爱师之情

附

一、板书设计

我和我的老师

朝夕相处　亲密无间　偶有矛盾

处理矛盾小妙招　尊重理解

沟通有法

换位思考

二、《那节体育课》视频内容简介

那节体育课

体育课上，同学们开始集队。两位男同学却因为下课时推搡玩闹，急忙集队时又撞在一起，于是打起了架。女生们快速排好队，男生们却在后面围观起哄，甚至有男生故意捣乱。体育老师制止了两个打架的男同学并进行批评教育，同时体育老师也批评教育了全班男同学，并因此取消了后半节课的篮球活动，而女同学则可以选择自己喜欢的活动项目。放学后，很多男同学觉得很委屈，认为体育老师偏心，甚至在家长面前哭诉。后来，班主任知道了这件事……

三、视频

我和我的老师

学生与老师在校园里朝夕相处，亲密无间，时时处处都能体现老师对同学们那份默默的关爱。

学生入学第一天，老师微笑着拉他们的小手领进校园；老师为学生传授

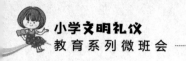
知识，一笔一画地教写字；老师为学生戴上鲜艳的红领巾，并告诉他们已成为一名光荣的少先队员；老师带领学生快乐地郊游；老师在运动会上为运动员欢呼、呐喊；老师在课间活动时与同学们嬉戏；老师在各项比赛和美食会上忙忙碌碌；老师在安慰抽血检查时担忧害怕的学生；老师帮肚子痛的同学擦油，为摔伤的同学包扎。校园里时时处处都有师生相处的难忘而快乐的时光。

四、"老师，我想对您说"小卡片

_____老师，我想对您说……

爱父母，善沟通

广州市番禺区市桥中心小学　陈晓欣

【活动背景】

现在的小学生大多是独生子女，从小被父母呵护，大部分不知父母生活的艰辛劳累，不知父母的希望和期待。特别是小学高年级的学生已经有了自己独立的个性和思维，他们开始自己尝试观察社会，思考人生，对父母的管教开始出现抵触与反抗，埋怨父母的唠叨，埋怨父母不理解自己，但不懂得从父母的角度看，体谅父母生活的忙碌与劳累。让学生学会与父母更好地沟通，学会感恩父母，才能改善他们之间的关系。本节微班会，班主任根据小学高年段学生的心理特点，通过看图片、看小品、讨论、诵读诗歌等生动活泼的形式，引导他们学会与父母沟通，理解父母，感恩父母，学会沟通交往的简单艺术，构建和谐家庭。

【活动目标】

1. 知识与技能

知道与父母沟通是爱父母的重要组成部分，明确与父母沟通的重要意义，主动学习与父母沟通。

2. 过程与方法

在生活的情境中，学会宽容、理解和换位思考，学会与父母沟通的方法和技巧，主动与父母沟通，能以实际行动孝敬父母和长辈。

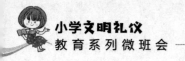
3. 情感态度与价值观

体会父母为自己的成长所付出的艰辛，感受父母对自己的爱，愿意与父母沟通，增进与父母间的感情。

【活动对象】

小学高年段学生。

【活动形式】

小品表演、小组讨论。

【活动时间】

15分钟。

【活动准备】

小品、心声卡、建议卡、短视频、小诗。

【活动过程】

活动过程流程表

活动环节	教师活动	学生活动	设计意图
情境导入（引发共鸣）	1. 组织学生看一张孩子与父母争吵的图片，引导思考：你在现实生活中有类似的经历吗？2. 引导学生交流分享。3. 小结，引入课题	1. 看图片，思考：你在现实生活中有类似的经历吗？2. 交流分享。3. 读课题	以图片的形式创设生活情境导入，容易引发学生共鸣，为下一环节做铺垫
畅谈感受（直面矛盾）	1. 组织学生小组交流：生活中我们因哪些问题经常同父母产生分歧并难以沟通？你想对父母说什么？	1. 小组交流：生活中我们因哪些问题经常同父母产生分歧并难以沟通？你想对父母说什么？	引导学生交流生活中与父母产生分歧的问题，畅谈想对父母说的话，让学生体验面对沟通问题的苦恼，给了他们情绪宣泄的时空，引发思维和情感的

活动环节	教师活动	学生活动	设计意图
畅谈感受（直面矛盾）	2. 引导学生小组整理分享	2. 小组整理分享	碰撞，激发他们渴求解决问题的欲望
体验感知（情感引导）	1. 引导学生思考并分享：父母为我做过什么？我为父母做过什么？ 2. 组织学生分享。 3. 引导学生回答：我还能为父母做些什么？ 4. 归纳小结	1. 思考并分享：父母为我做过什么？我为父母做过什么？ 2. 交流分享。 3. 回答：我还能为父母做些什么？	避免"说教式"教学手段，以自己为父母做的事情和父母为自己做的事情作对比，引导学生自主发现父母为我们付出的很多，让他们感受父母付出的艰辛
爱的行动（践行认知）	1. 组织学生观看视频《考试后》，引导思考：如果是你，你会怎么办？ 2. 引导学生回答。 3. 组织小组学生讨论：当与父母发生沟通问题时，我们该怎么做？ 4. 引导学生小组汇报。 5. 小结	1. 观看视频《考试后》，思考：如果是你，你会怎么办？ 2. 回答思考题。 3. 小组讨论：当与父母发生沟通问题时，我们该怎么做？ 4. 小组汇报	让学生学会如何理解父母、尊敬父母、体谅父母，学会与父母怎样和谐相处，从现在做起，从点滴做起，以实际行动来回报父母的关爱
心声建议（行为指引）	1. 引导学生把想对父母说的心里话和提的建议写在爱心卡和建议卡上。 2. 组织学生互相交流心声。 3. 推荐与父母沟通小建议。 4. 小结	1. 填写爱心卡和建议卡。 2. 互相交流心声	让学生明白要想拥有理想的父母，需要沟通理解，需要大家一起努力，并用认识正确指导自己的行为
课外延伸（认知导行）	1. 引导学生谈活动收获。 2. 组织学生齐诵诗歌《感恩父母的爱》。 3. 开展"沟通小达人"评选活动。 4. 活动总结	1. 谈活动收获。 2. 齐诵诗歌《感恩父母的爱》。 3. 参加"沟通小达人"评选活动	引导学生从心底认同父母对自己的爱，他们才会理解父母，感恩父母，愿意和父母沟通，才能更好地实行知行合一。自主教育才是更有效的教育

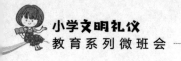
附

一、板书设计

主动　解释

换位思考

彼此冷静

找他人帮忙

……

二、《考试后》

考试后

期末考试后成绩单发下来，小凯高兴地拿着成绩单往家跑："妈，妈，我回来了。"母亲从屋里走出来："哎，来了。""妈，我这次期末考试全部科目都上了90分，这回我要打一会儿游戏放松一下。"母亲却说道："有那么高兴吗？又不是全班第一，瞧，隔壁阿斌每次全班第一还那么努力，你有什么资格玩游戏……去去去，到房间好好学习去！"小凯觉得特别难受，妈妈一点也不了解他，一点也不尊重他，就把门重重一关，气呼呼地进了房间。

三、推荐与父母沟通小建议

1. 多与父母聊天，说说你的心里话，你身边的新鲜事。

2. 多关心父母的身体，多问候他们。

3. 多做力所能及的家务，减轻父母的负担。

4. 努力学习，少让父母忧心。

5. 学会宽容体谅，不顶撞父母。

四、诗歌

感恩父母的爱

是您，将我带到人间。

教会我在成长中，如何走过沟沟坎坎。

是您，领我认识世界。

天寒地冻时，将我双手放入怀中温暖。

您用爱穿针引线，

那一针一线，都是您的爱在悄悄蔓延。

如果我是风筝，您就是拉动风筝的线；

如果我是一条船，您就是灯塔是港湾。

这就是父亲的爱，这就是母亲的情，

她柔柔如水，轻轻如烟，深沉如海，恩重如山！

鲜花可以枯萎，沧海可变桑田，

但父母的爱，却永远留在我们心间。

五、"沟通小达人"记录表

"沟通小达人"记录表

时间	事情经过	沟通小秘诀	感受、收获或发现

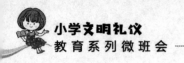
居家有礼，我做到

广州市番禺区市桥中心小学　李兰

【活动背景】

中国自古就是讲究礼仪的国家，孔子说："不学礼，无以立。"荀子云："人无礼则不生，事无礼则不成，国无礼则不宁。"文明礼仪教育不只是文化知识的理论传授，还应是立体生活空间的行动践行，更应是思想精神的内化发扬，它是家庭担当、学校担当、社会担当的行动表达。文明礼仪是一个人在社会活动中应按各自身份遵循的行为规范，是人们在日常生活中必须具有的基本技能。文明礼仪是我们每一位青少年学习成长的基石。

【活动目标】

1. 知识与技能

通过讨论、观看视频等活动，了解礼仪的概念和起源，懂得居家日常礼仪的重要性。

2. 过程与方法

通过活动，学习居家日常礼仪知识，尝试运用居家日常礼仪来与家人相处，在居家生活中践行礼仪。

3. 情感态度与价值观

通过活动，体会中华礼仪的源远流长及重要地位，激发心中的民族自豪感，增强爱国情感，并立志传承并发扬中华礼仪。

【活动对象】

小学高年段学生。

【活动形式】

谈话式、体验式。

【活动时间】

15分钟。

【活动准备】

课件、视频。

【活动过程】

活动过程流程表

活动环节	教师活动	学生活动	设计意图
识礼	1. 引导学生参与"说一说"——什么是礼仪？ 2. 组织学生学习：礼仪的起源与发展。 3. 分享礼仪小故事《以尊重换尊重》，引导学生谈感受。 4. 小结	1. 参与"说一说"——什么是礼仪？ 2. 学习：礼仪的起源与发展。 3. 谈感受	创设轻松的聊天氛围，打开话匣子，让学生学习礼仪的起源与发展，从源头上认识礼仪的含义，激发学生的学习兴趣
懂礼	1. 组织学生小组讨论分享：自己家里有哪些礼仪规矩呢？ 2. 引导小组分享，小结归纳并板书。 3. 组织学生边看边诵读《家庭礼仪三字经》小视频	1. 小组讨论分享：自己家里的日常居家礼仪规矩。 2. 小组分享，小结归纳并板书。 3. 边看边诵读《家庭礼仪三字经》小视频	通过组织学生讨论问题和观看视频，由浅入深，激发学生探究欲望，引发学生对居家礼仪的初步思考

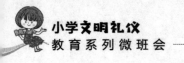
续表

活动环节	教师活动	学生活动	设计意图
行礼	1. 引导小组商量设计：运用板书的礼仪生活场景。 2. 组织学生小组展示。 3. 小结	1. 小组商量设计：运用板书的礼仪生活场景。 2. 小组展示	通过表演生活中的家庭礼仪，让学生把这些小习惯、小动作融入生活之中，践行认知，才能更好地知行合一
守礼	1. 引导学生谈本节课的收获。 2. 小结：通过活动使学生明白日常居家礼仪，可以使家人感受到自己的尊重和敬意	1. 学生谈本节课的收获。 2. 完成"21天居家礼仪养成挑战"	"礼"就是从心底产生的敬意，"仪"就是把内心的敬意外化为一种仪式。要让学生把礼仪养成习惯，由外在的表现形式内化为自己的性格特点

 附

一、板书设计

居家有礼，我做到

父母回到家要打招呼

跟长辈说话要用"您"

进长辈房间要先敲门

经常帮家人分担家务

楼梯间遇到邻居要主动打招呼

对长辈，早上起床要说"早安"

晚上睡觉前道"晚安"

……

二、礼仪的起源

礼仪起源于祭祀。东汉许慎的《说文解字》对"礼"字的解释是这样的："履也，所以事神致福也，从示从豊，豊亦声。"意思是实践约定的事情，用来给神灵看，以求得赐福。"礼"字是会意字，"示"指神祇从中可以分析出，"礼"字与古代祭祀神灵的仪式有关。古时祭祀活动不是随意地进行的，而是严格地按照一定的程序、一定的方式进行的。

三、什么是礼仪

礼仪就是礼节和仪式。"礼仪"二字中的礼是一种礼节，是发自内心地对别人的尊重，而仪则是表达尊重的方法或仪式。所以，我们可以总结为——礼者，敬人也；仪者，方法也，而礼仪就是敬人的方法。致福曰礼，成义曰仪。古人讲"礼者，敬人也"，礼仪是一种待人接物的行为规范，也是交往的艺术。它是人们在社会交往中受历史传统、风俗习惯、宗教信仰、时代潮流等因素而形成的，既为人们所认同，又为人们所遵守，是以建立和谐关系为目的的各种符合交往要求的行为准则和规范的总和。

四、礼仪小故事

以尊重换尊重

在南北朝时期的齐国，有一个叫陆晓慧的人，他才华横溢，博闻强识，为人更是恭谨亲切。他曾在好几个王的手下当过长史，可以说是一个高高在上的人了，然而他却从来不把自己看得很高，前来拜见他的官员，不管官大官小，他都以礼相待，一点儿也不摆架子。如果客人离开，他更会站起身亲自将对方送到门外。

有一个幕僚看到这种情景，很是难以理解，就对他说："陆长史官居高位，不管对谁，哪怕对老百姓也是彬彬有礼，这样实在有失身份，更什么也得不到，长史何必这样麻烦呢？"陆晓慧听后不以为然地轻轻一笑，说道："欲先取之，必先予之。我想让所有的人都尊重我，那我就必须尊重所有的人。"

五、《家庭礼仪三字经》内容

父母恩，比海深；对父母，要称您。晨和晚，要问安；若进门，举止稳。

父母出，递把手；父母回，要问候。学自理，助父母；是生日，要记住。

亲有疾，侍身旁；吃和用，知礼让。敬祖辈，放心上；懂关爱，乐洋洋。

亲和弟，手足情；兄爱弟，弟敬兄。家餐饮，手要勤；帮做活，表孝心。

先长辈，坐端详；食勿喧，嚼勿响。双手递，稳端放；心愉悦，食饭香。

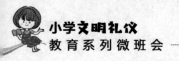
待客人，要热情；去做客，仪态恭。打电话，意专注；先问好，再称呼。

声清晰，语简短；话说完，道再见。邻里间，常见面；互尊重，心相连。

六、21天居家礼仪养成挑战表

21天居家礼仪养成挑战表

	1	2	3	4	5	6	7	8	9	10	11	12	13	14	15	16	17	18	19	20	21
父母回到家要打招呼																					
跟长辈说话要用"您"																					
进长辈房间要先敲门																					
经常帮家人分担家务																					
楼梯间遇到邻居要主动打招呼																					
对长辈，早上起床要说"早安"																					
对长辈，晚上睡觉前道"晚安"																					

（每日完成后请打"√"）

文明交往乐趣多

广州市番禺区市桥汀根小学　郭志华

【活动背景】

文明交往是人与人交往的前提，是做一个文明公民的基本要求。但是，随着社会的变迁，竞争的激烈，不少家长只关注孩子的智力、学业的发展，而忽视了礼貌、礼仪方面的教育，致使一些学生不懂礼貌，缺乏礼貌行为，导致在与同伴交往的过程中经常出现小矛盾、小摩擦，直接影响了人际关系。有些学生还会因此导致心情不好，影响到学习。可见，学生在校的同伴交往很重要。本节微班会旨在让学生认识到文明交往的重要性，掌握与同伴交往的基本礼仪和技巧，引导他们进行有效、快乐的同伴交往，体会文明交往带来的乐趣。

【活动目标】

1. 知识与技能

通过活动，知道礼貌是文明交往的前提，懂得文明交往的重要性，争取在交往中成为受欢迎的人。

2. 过程与方法

通过观看视频、游戏体验、演唱歌曲等形式，使学生掌握与同伴交往的基本礼仪和技巧，并尝试在生活中运用，养成文明交往的习惯，提高人际交往的能力。

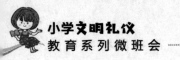
3. 情感态度与价值观

通过活动，体验文明交往带给自己的乐趣，体验不同的交往方式对人际关系的影响，树立文明交往的意识，形成良好、健康、和谐的人际关系。

【活动对象】

小学高年段学生。

【活动形式】

故事演讲、视频观看、交流分享、游戏体验、儿歌朗诵、歌曲演唱等。

【活动时间】

15分钟。

【活动准备】

制作课件、创编儿歌、准备视频、准备轻音乐、准备板书等。

【活动过程】

活动过程流程表

活动环节	教师活动	学生活动	设计意图
激趣导入	1. 组织学生听故事《有话好好说》。 2. 引导谈感受。 3. 小结板书	1. 听故事《有话好好说》。 2. 分享感受	通过学生喜欢听的故事导入主题，创设课堂学习气氛，消除学生的紧张感，激发学生的学习兴趣，吸引他们的注意力，让他们感受到文明交往的重要性
自主感悟	1. 组织学生观看视频《我们的日常交往》。 2. 组织学生分享交流：你愿意和谁交朋友？为什么？ 3. 根据学生的回答及时总结升华，板书	1. 观看视频《我们的日常交往》。 2. 分享交流：你愿意和谁交朋友？为什么？	通过观看视频和小组讨论，让学生更直观地体验了一些交往中的小问题，便于学生的理解和感悟，体验了不同交往方式对关系的影响，激发他们争做受欢迎的小学生的热情

活动环节	教师活动	学生活动	设计意图
自我评价	1. 出示八朵友谊之花："互助花""赞美花""虚心花""礼貌花""沟通花""真诚花""谦让花""守信花"，引导学生自我检查，看看能得到哪朵花，并说说原因。 2. 组织学生分享交流。 3. 小结	1. 对照八朵友谊之花，进行自我评价。 2. 分享交流	通过引导学生进行自我评价，将每个人的优点展示升华，使学生了解什么样的人才是受欢迎的人，怎样交往才会交到更多的朋友。接着让学生找到自己的不足及努力方向，进一步了解自己，掌握与同伴交往的基本礼仪和技巧
活学巧用	1. 组织学生玩游戏"找朋友"：学生拿起手中的友谊之花用礼貌的方式去寻找他们的好朋友。 2. 引导学生谈感受。 3. 组织学生朗诵文明交往儿歌	1. 玩游戏"找朋友"：拿起手中的友谊之花用礼貌的方式去寻找好朋友。 2. 谈感受。 3. 朗诵文明交往儿歌	有益的游戏能给学生带来快乐。通过游戏，学生又一次体验了文明交往的乐趣，学会文明交往。把文明交往的要点编成通俗易懂的儿歌让学生朗诵，有助于学生更进一步掌握文明交往的要点
总结升华	1. 引导学生谈收获。 2. 组织师生齐唱歌曲《朋友》。 3. 布置"我是文明交往小达人"记录活动的要求。 4. 小结	1. 谈收获。 2. 齐唱歌曲《朋友》。 3. 学习"我是文明交往小达人"记录活动的要求	通过小结、谈收获、唱歌，升华主题，让学生感于知，敏于行，真正践行文明交往乐趣多

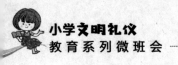

 附

一、板书设计

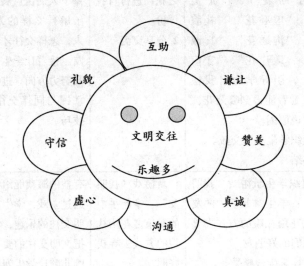

二、小故事，大道理

有话好好说

小故事：白云生气了，沉着脸。小动物们可遭了殃，你瞧：小兔子正在晒胡萝卜干呢，白云生气了，把小兔子的胡萝卜干全淋湿了，小兔子伤心地大哭起来；小熊正在晒被子呢，白云生气了，把小熊的被子全淋湿了，小熊难过极了；小猴子和小山羊正在草地上踢球呢，白云生气了，害得小动物们也没法玩耍了；小动物们大叫着："白云生气啦！白云生气啦！"边喊边往家里跑去。等白云再看的时候，外面一个小动物也没有啦，白云真孤单呀！

大道理：同学们，故事中的白云因为生气了，大家都回家了，它是不是很孤单呢？在生活中也是一样的，如果我们乱发脾气，不仅会让别人难过伤心，还会让大家离你越来越远，到最后谁也不愿意和你一块儿玩了。所以我们一定不能随便对别人乱发脾气哦！我们有话就要好好说，好好与人沟通。

三、《我们的日常交往》视频内容

情境一：A同学不小心把B同学的水杯碰倒在地上，A同学没帮忙捡起来，也没道歉，然后两人就吵了起来，还差点儿打起来。C同学看见了就帮忙捡起来，并上前劝架，让他们冷静下来，有话好好说，好好沟通，解决问题。（礼貌、互助、沟通）

情境二：下课了，数学老师把测验卷发下来，A同学和B同学都考了满分，同学们纷纷向他们祝贺，并夸赞他们。B同学也真诚地祝贺A同学，而A同学对他不屑一顾，高傲地走开了。上课了，老师讲评试卷，B同学虽然考了满分，但还是很虚心，专心听课，认真做笔记。A同学认为自己考了满分，都会了，于是骄傲自满，不听课，还拿出课外书来看，结果被老师批评了。（赞美、虚心、真诚）

情境三：班会课上，同学们投票推选一名优秀少先队员，结果A同学和B同学的票数一样多，但只能推选一个，怎么办呢？突然，B同学站起来说："让给A同学吧，我去年也当选过，这次就让给他吧。我以前也承诺过，如果还有这样的机会，我会让给其他同学，因为班上有很多优秀的同学，我希望有更多的同学能获得这样的荣誉。"全班同学向他投来了赞许的目光，班里响起了热烈的掌声。（谦让、守信）

四、文明交往儿歌

文明交往乐趣多

互助互爱朋友多

赞美他人乐呵呵

虚心待人笑呵呵

礼貌用语挂嘴边

真心诚意大家爱

善于沟通人人爱

谦让有礼人人赞

诚实守信人人夸

文明交往乐趣多

乐趣多

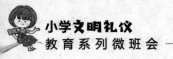

五、"我是文明交往小达人"记录表

"我是文明交往小达人"记录表

时间	事情经过	文明交往小妙招	感受、收获或发现

送你一片暖

广州市番禺市桥东兴小学　谢玉枝

【活动背景】

小学生年纪小，家长对他们呵护有加。无条件的关怀使学生习惯于被迁就，他们习惯了接受而不太懂得付出。这表现在他们平时的交往相处中，容易发生小矛盾或者无意伤及他人，又或者是眼见处于困境中的伙伴，却不懂得如何关心安慰。针对这种情况，班主任结合小学高年段学生的特点，通过体验、讨论等方式让孩子寻找关心他人的方法，让学生学会关心他人，懂得如何关心他人，在他人处于困境时善于、乐于为他人送上一片温暖。

【活动目标】

1. 知识与技能

通过活动，了解互相关心的必要性，掌握关心他人的方法，与同学融洽相处。

2. 过程与方法

通过讨论、体验等方式，学会采用关心他人的方法，并在日常生活中运用践行。

3. 情感态度与价值观

通过活动，感受互相关心带来的温暖，在生活中愿意主动关心他人，做懂得关心他人的好孩子。

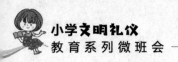
【活动对象】

小学高年段学生。

【活动形式】

体验、小组讨论。

【活动时间】

15分钟。

【活动准备】

制作课件、游戏音乐。

【活动过程】

活动过程流程表

活动环节	教师活动	学生活动	设计意图
被爱真快乐 （热身活动）	1. 组织热身游戏：互相捶背。 2. 引导谈感受	1. 听指令，玩游戏：我说你做。 2. 谈感受	游戏导入暖场，让学生感受愉快的心情
驱走坏心情 （寻找方法）	1. 引导学生说出自己曾经遇到的不愉快的事情和感受。 2. 引发思考：怎样才能够让他人开心点？	1. 说一说：自己曾经遇到的不愉快的事情和感受。 2. 思考：怎样才能够让他人开心点？	让学生把亲身体验讲出来，知道人人都有需要关心的时候。大家一起想办法让他转变心情，从而带出关心别人的各种方法
送他一片暖 （运用方法）	1. 展示一组图片，带出学生生活中常见的困境。 2. 引导小组讨论：用什么方法关心他们？ 3. 指导、点评小组汇报。 4. 小结，补充方法	1. 看图片：学生生活中常见的困境。 2. 小组讨论：我们怎样做才可以让他们开心点？ 3. 小组汇报。 4. 跟着老师回忆，感受同学的关心，找出更多方法	借用图片，重现生活中学生们面对的困境，激起学生关心别人的欲望；通过小组讨论，更多地运用学到的方法关心别人，感受关心他人的快乐

续 表

活动环节	教师活动	学生活动	设计意图
关爱暖人心（课外延伸）	1. 播放学生们的笑脸，感受关爱的力量。 2. 齐种温暖树。鼓励学生将学到的方法用于关心家人、朋友等，完成一次关心他人的行为后记录到"暖心小卡片"上，张贴到班级温暖树上	1. 观看同学的笑脸，感受互相关心而得到的珍贵友谊。 2. 接受拓展任务，随时把关爱送给身边的人	感受同学之间互相关心的友爱之情。把所学的关心方法用到生活中去，为更多人送去温暖

附

一、板书设计

二、实际应用关心方法案例

（1）小明的测验卷发下来了，成绩很差，他伤心得要哭了，你会怎么关心他？

（2）冬冬收了组员的作业本，忘记交给老师，结果老师批评，组员责怪她。她很沮丧。

（3）天气冷了，晓东穿的衣服少，一直在打喷嚏，他的鼻子都成了红洋葱了。

（4）放学了，小红急匆匆地走了，但她的鞋带松了，很容易被绊倒。

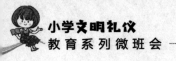
三、"暖心小卡片"

如果我们的同学、家人、朋友、邻居等身边人心情不好时，就主动关心他们，可以用上各种方法，让他们的心永远温暖。我们还可以把关心别人的事情写在爱心卡里，关心别人，快乐自己，做个"爱心小天使"。

道歉的学问

广州市番禺区新桥小学　冯结初

【活动背景】

道歉也是一种礼仪，是对别人平等权利的尊重，甚至是一门学问。但小学生由于年龄小，往往缺乏是非观念，自我控制能力不强，经常不能正确认识自己所犯的错误，再加上责任意识不强，通常在做错事后不懂得如何道歉。因此有必要结合学生身心发展的特点上一节微班会课，通过讲故事、情境创设等方式引导孩子犯错时要真诚地向他人道歉，养成文明的行为习惯。

【活动目标】

1. 知识与技能

通过活动，了解道歉的重要性，懂得做错事情时需要向别人真诚地道歉，努力提高自己的交往能力和交往自信心。

2. 过程与方法

通过活动，学会道歉的礼貌用语，并能够在生活中熟练地运用，逐步养成良好的礼仪习惯。

3. 情感态度与价值观

通过活动，感受真诚的道歉可以化解与他人之间的矛盾，体会及时真诚的道歉带来的美好感受，建立道歉意识。

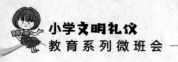

【活动对象】

小学高年段学生。

【活动形式】

小组讨论、角色扮演。

【活动时间】

15分钟。

【活动准备】

制作课件、情境演练。

【活动过程】

活动过程流程表

活动环节	教师活动	学生活动	设计意图
视频之中感重要	1. 组织学生观看新闻报道《"对不起"引发血案 男子挥刀割掉对方鼻子》，引导思考：新闻中的小伙子犯错后不道歉惹来了什么麻烦？ 2. 引导学生回答归纳原因。 3. 板书课题	1. 观看新闻报道《"对不起"引发血案 男子挥刀割掉对方鼻子》，思考：新闻中的小伙子犯错后不道歉惹来了什么麻烦？ 2. 交流回答。 3. 齐读课题	通过引导学生观看发生在生活中的新闻，让学生真切感受到犯错后主动和真诚道歉的重要性
情境试炼懂道歉	1. 辅导学生表演情景剧《换位思考，勇于承担责任》，思考：为什么孩子从事情刚发生时不太愿意道歉到后来真诚道歉呢？ 2. 引导学生分享交流。 3. 小结	1. 表演情景剧《换位思考，勇于承担责任》，思考：为什么孩子从事情刚发生时不太愿意道歉到后来真诚道歉呢？ 2. 分享交流	利用情景剧表演，让学生体会到每个人都会有犯错的时候，但只要及时并真诚地向他人道歉，便会得到他人的原谅，激发他们做错事情主动及时地向别人真诚道歉，努力提高自己的交往能力和交往自信心

活动环节	教师活动	学生活动	设计意图
道歉学问要懂得	1. 组织学生听故事《小和尚和师父的故事》。 2. 引导学生谈感受。 3. 与学生一起唱儿歌《勇敢认错不说谎》。 4. 总结	1. 听故事《小和尚和师父的故事》。 2. 谈感受。 3. 与教师一起唱儿歌《勇敢认错不说谎》	通过简短的故事和儿歌，学生明白原来道歉也是有很多学问的，用简单易懂的方式使学生逐步养成犯错后要勇于承担责任并真诚道歉的良好习惯
拓展延伸养习惯	1. 引导学生谈收获。 2. 引导学生用彩色小纸条写一写心里话：我想对____说声对不起。我_____。希望你能原谅我。谢谢！	1. 谈收获。 2. 用彩色小纸条写一写心里话：我想对_____说声对不起。我_____。希望你能原谅我。谢谢！	深化学生的认识，化认知为行动，把行为延伸到课外，让学生有意识地内化真诚地向他人道歉的礼仪

 附

一、板书设计

道歉的学问

认识错误

敢于承担

道歉及时

直截了当

文字清楚

态度诚恳

二、新闻《"对不起"引发血案　男子挥刀割掉对方鼻子》内容

2009年1月3日，在成都一环路南二段旅游村路口，两名男子从口角发展到打斗，其中一脾气火爆的中年男子竟用刀把对方的鼻子割掉，现场令人揪心。一名蹬三轮的小伙子中午从旅游村路口的一宿舍楼出来后，恰与途经的中年男子发生碰撞。对方要求小伙子道歉，但小伙子不肯，于是双方发生口角。令所有人吃惊的是，这名中年男子扔掉手中提的菜，用水果刀划向小伙子，顿时血

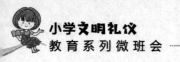
汩汩地从鼻子、脸上冒了出来。这时，肇事的中年男子也害怕起来，很快被随后赶来的巡警控制。"简直何必嘛，小事情动刀子！"看到眼前一幕的附近居民纷纷摇头说"不值"。据了解，小伙子的鼻子被划掉，伤情严重，面部被毁容。

三、情景剧表演《换位思考，勇于承担责任》内容

女儿和爸爸玩耍，不小心把爸爸推倒，眉骨正碰在桌角上。妈妈很担心爸爸的眼睛，于是马上严厉地要求孩子道歉。孩子没有道歉。在看到孩子很委屈地憋着眼泪时，妈妈抱住孩子，边帮她擦眼泪，边和她交流："妈妈知道你不是故意伤害爸爸的，但是，现在你弄伤了爸爸，你看，爸爸很痛，妈妈很心痛，你觉得是不是应该看看爸爸，向爸爸道个歉，去安慰一下爸爸？如果妈妈碰到你，你也会很痛，肯定也会希望妈妈向你道歉并安慰你的，对吗？"结果女儿边擦自己的眼泪，边去摸爸爸的脸，嘴里还说着："爸爸，对不起！我不是故意的。"

四、《小和尚和师父的故事》内容

一个小和尚每次犯错，都对他的师父说对不起。而他的师父每次都原谅了他。有一次，小和尚不小心把经书烧着了，师父也被烧死了。小和尚很想和师父说声对不起，可是师父已经死了，小和尚没有机会和他师父说对不起了。

有讲究的绰号

广州市番禺区沙湾镇中心小学　林雪莲

【活动背景】

绰号是指除了人的本名之外，别人根据其某些特征另起的名字。事实证明，孩子们进入中高年段后，同学之间因为互相取笑戏弄起绰号而引发的争执并不少见。其实替人取绰号的孩子，大多出于好奇或调皮捣蛋随口而出。但正是由于这种随意，让班级矛盾升级，给班主任的班级管理工作带来一定困扰。在对本校四到六年级15个班级700多人的调查中发现，有2/3以上的同学被别人起过绰号，绰号性质有褒有贬，但学生们对绰号的态度无一例外的是忧大于喜，更有不少同学因为自己的绰号而产生了不良情绪。

本次活动以解决学生人际关系中的实际问题为最终目标，通过创设轻松、和谐、真诚的心理氛围，组织符合学生年龄特点的活动，引导学生主动参与团体互动，在活动中积极体验、畅所欲言，从而正确认识起绰号这一常见的校园生活现象，并努力解除贬义绰号带来的烦恼。

【活动目标】

1. 知识与技能

对绰号有正确的认识，懂得绰号中的学问，了解起绰号是有讲究的，恰当的绰号表达了人们的尊重。

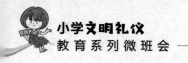
2. 过程与方法

学会欣赏同学的优点，尊重同学，避免不雅的绰号，增进同学之间的友谊，同时尝试积极应对自己的绰号，以适当的方式维护自尊。

3. 情感态度与价值观

通过活动，感受恰当的绰号带来的快乐情绪体验和不当的绰号带来的烦恼。

【活动对象】

小学高年段学生。

【活动形式】

体验式、小组谈话式。

【活动时间】

15分钟。

【活动准备】

视频、课件。

【活动过程】

活动过程流程表

活动环节	教师活动	学生活动	设计意图
谈话导入 万物有名	1. 引导谈话分享：你的名字蕴含着父母怎样的期盼？ 2. 小结：万物有其名，我们的名字里蕴含着父母对我们的美好寓意	谈话分享：我的名字里的寓意	让学生分享自己的名字寓意的快乐，暖场，顺势引入课题

续 表

活动环节	教师活动	学生活动	设计意图
追根溯源 了解文化	1. 游戏"绰号对对碰"。 2. 引导谈话交流：历史悠久的绰号文化	1. 游戏"绰号对对碰"。 2. 交流讨论：绰号里的文化	有趣的游戏让学生们走进绰号，追根溯源，了解绰号的历史，懂得恰当的绰号表达了人们的尊重
小组讨论 直面烦恼	1. 引导观看情境故事《让人苦恼的绰号》。 2. 引导谈话交流：不当的绰号给人带来的苦恼。 3. 出示课前调查表：本班同学对自己绰号的态度	1. 观看情境故事。 2. 谈话交流：不当绰号给人带来的伤害。 3. 观看课前调查表结果：了解本班同学对自己绰号的态度	创设情境，引发共鸣，畅谈绰号为自己带来的喜或忧，让学生明白：绰号应该是根据一个人的特长或优点概括出来的，这样才能被人乐于接受
换位思考 寻找秘诀	1. 引导换位思考：面对自己不喜欢的绰号，有什么感受？ 2. 组织小组讨论：面对不喜欢的绰号，你有什么妙招？ 3. 小结：不当的绰号会给他人带来伤害，学会换位思考，才能获得别人的尊重和友谊	1. 换位思考：不喜欢的绰号给自己带来的苦恼。 2. 小组讨论：应对不当绰号的妙招	通过换位思考、小组探讨等方式，让学生积极寻找应对自己不喜欢的绰号的措施，解决困扰
回归生活 重取雅号	1. 引导讨论：以尊重别人为前提，把朋友或自己之前的不当绰号换成雅号。 2. 活动总结：绰号常常会伴随我们人生的很多个阶段。请记得贬义的绰号会给对方带来很大的伤害，破坏彼此的感情。希望我们当中出现的绰号都是一个个精彩的故事	1. 小组讨论：重取雅号。 2. 全班交流	引导学生以尊重别人的意愿为前提，以赏识赞扬为原则取"雅号"，既符合学生的生活情境，同时加深了学生之间的友谊，增强了班级的凝聚力

附

一、板书设计

有讲究的绰号

笑脸图　　　　换位思考

（上面贴各种雅号）　　尊重　　优点

二、教学资源说明

1.《有讲究的绰号》调查表

（1）询问父母，了解你名字的特殊含义。

（2）请在以下选项中选择一项填写：

①目前我有绰号，并且喜欢，因为（　　　　　）。

②目前我有绰号，但是不喜欢，因为（　　　　　），我想对起（叫）这个绰号的同学说："_____。"

③目前我没有绰号，我（想　　不想）要绰号，因为（　　　　　）。

2. 游戏"绰号对对碰"内容

体育明星：　　　　　　　　　　《查理九世》里人物：

篮球小巨人——　　　　　　　　查理老大——

体操王子——　　　　　　　　　问题多多——

超级丹——　　　　　　　　　　虎鲨——

《奔跑吧兄弟》：

大黑牛——

小猎豹——

幽默蓝——

3. 故事《让人苦恼的绰号》内容梗概

一个在雨中孤单地撑着伞的女孩（网络图，非本校学生），背对着镜头，内心独白：平时我不爱说话，今天我却要和你们说说我的烦恼。每当我想起这件事，就感到痛苦不堪，甚至有些怕到学校。由于我长得胖，同学们就给我取了个很难听的外号"大肥猪"。有一次在美术课上，老师在黑板上画了一头猪，全班同学马上哄堂大笑，边笑边看着我。我的脸顿时通红，难过极了。下课后，同学们就指着黑板朝我大喊："大肥猪，大肥猪！"我又生气又伤心，哭着冲出教室。每次听到同学叫我这个绰号，我总是躲在无人的角落偷偷哭泣。天啊，为什么要给我取这个让我痛苦万分的绰号啊！我恨那个给我取这个绰号和叫我绰号的人！长得胖又不是我的错！我真希望你们不要给我取这么难听的绰号呀！

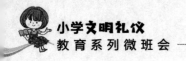
家庭文明用餐

广州市番禺区市桥蚬涌俊贤小学　黄绮珊

【活动背景】

随着生活水平的不断提高，促进家庭与家庭之间的交往，学生跟随家长到亲朋好友家做客或者在家接待客人用餐的机会越来越多，餐桌礼仪已经成为孩子们的必修一课。从平时的观察和调查，发现不少孩子对餐桌礼仪基本上没有很清晰的认识，不少家长对这方面的礼仪也没有足够的重视，忽略从小的培养。其实，一个孩子在用餐时表现出来的礼仪规范，恰恰能很好地反映孩子的教养。不少国家把餐桌礼仪作为社交礼仪必修课，对中小学生乃至大学生进行相关的教育和培养。

其实，自古以来，用餐礼仪是社会人际交往的一项重要课题。它不仅能体现个人内在的修养，也是每个人走向社会的必备素质。因此，对学生进行用餐礼仪教育是他们的文明礼仪必修课之一。

结合以上情况，本节微班会课开展"文明用餐"主题活动，让学生懂得用餐的文明礼仪，初步培养学生文明用餐的意识和习惯，做个懂礼貌、守规矩的文明孩子。

【活动目标】

1. 知识与技能

通过讨论、观看视频等活动，让学生知道文明用餐是一种礼仪，了解正确的家庭餐桌礼仪规范。

2. 过程与方法

通过参与教学活动，初步学会家庭餐桌的礼仪规范，能在日常家庭用餐时遵守餐桌礼仪。

3. 情感态度与价值观

通过活动，感受文明用餐带来的愉悦，增强餐桌礼仪意识，培养文明用餐的好习惯，成为文明有礼的好少年。

【活动对象】

小学高年段学生。

【活动形式】

谈话式、体验式。

【活动时间】

15分钟。

【活动准备】

课件、视频。

【活动过程】

活动过程流程表

活动环节	教师活动	学生活动	设计意图
一言惊醒你吃对了吗?	1. 组织学生观看视频《吃对了吗?》，引导学生思考： （1）他们这样用餐，"吃"对了吗? （2）这样用餐符合餐桌礼仪规范吗? 2. 组织学生谈感受	1. 观看视频《吃对了吗?》，思考： （1）他们这样用餐，"吃"对了吗? （2）这样用餐符合餐桌礼仪规范吗? 2. 谈感受	创设情境导入，贴近学生实际生活，激发学生深入探讨用餐礼仪这个话题

活动环节	教师活动	学生活动	设计意图
各抒己见 谈"吃相"	1. 组织学生观看视频《文明用餐，我能行》。 2. 引导小组讨论：文明用餐应该怎样做？ 3. 学生分享交流	1. 观看视频《文明用餐，我能行》。 2. 小组讨论：我们应该怎样做到文明用餐？ 3. 交流分享	通过组织学生观看视频和开展讨论，引导学生认识文明用餐的正确做法
畅所欲言 正"吃相"	1. 引导学生联系生活实际，谈谈自己家里在餐桌礼仪中做得好的地方或者做得不够好的地方。 2. 引导小结	1. 小组交流：结合实际，谈日常生活中做得好的餐桌礼仪习惯。 2. 谈一谈：平时不符合餐桌礼仪规范的做法	通过学生联系生活实际，对照自己的言行，扬长避短，强化文明有礼的餐桌礼仪
定规范 扬"吃相"	1. 组织小组讨论：制定餐桌礼仪公约。 2. 引导学生交流补充	1. 小组一起制定餐桌礼仪公约。 2. 交流补充	通过制定餐桌礼仪公约，明道理，定规范，导行深化
课后延伸 植根文明	引导学生开展课外延伸实践： 1. 和家长一起制定家庭用餐礼仪公约。 2. 派发餐桌礼仪打卡表	1. 准备和家长一起制定家庭用餐礼仪公约。 2. 试行餐桌礼仪并完成打卡表	通过"小手拉大手"，让同学们把文明餐桌礼仪带到家里，带到生活中，明理导行

 附

一、板书设计

家庭文明用餐

礼貌用语："……请吃饭！"

"……我吃饱了，请您慢慢吃吧！"

用筷有讲究：请客人、长辈先动筷

不扒拉，不"飞象过河"

吃相有讲究：细嚼慢咽

不吧唧嘴，不打嗝

二、教学资源说明

视频一：

吃对了吗？

播放视频的教学目的：暴露家庭聚餐中一些不够文明的行为表现，引起学生对餐桌礼仪这个问题的关注和讨论。

视频的主要内容：

（1）长辈和客人还没入座，小孩子们就"蜂拥而上"，有的小孩子坐姿不对，脚放到椅子上，甚至蹲在椅子上吃饭。

（2）俗话说的"飞象过河"，有的孩子用筷子夹别人面前的菜，在菜盘里扒拉，夹起的菜不喜欢又放回盘子里。

（3）边吃边大声说话，饭菜都喷出来了。

（4）狼吞虎咽，吃得太快。

视频二：

文明用餐，我能行

播放视频的教学目的：为同学们提供文明用餐的几点正确做法，起到示范作用。

视频的主要内容：

（1）先请长辈和客人入座。

（2）给长辈夹最好吃的菜，自己再开始吃。

（3）筷子尽量夹菜盘中对着自己的菜。

（4）一边细嚼慢咽，一边细语交谈。

（5）吃饱离座要跟长辈或客人打招呼。

三、餐桌礼仪公约

餐桌礼仪公约

1. 请爷爷奶奶等长辈入座，自己再坐下。

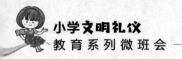
2. 给长辈夹他们最爱吃的菜。

四、餐桌礼仪打卡表

餐桌礼仪打卡表

我们"吃"对了!				
备注：A. 能做到　　　　B. 基本能做到　　　　C. 有时能做到				
	请长辈入座	夹菜给长辈	夹面前的菜，不扒拉	细嚼慢咽，不吧唧嘴
第1天				
第2天				
第3天				
第4天				
第5天				
第6天				
第7天				
……